フクシマ 2013

Japan レポート 3.11

ユディット・ブランドナー
ブランドル・紀子訳
市川勝弘 写真

ZUHAUSE IN FUKUSHIMA
Das Leben danach: Porträts

Judith Brandner
übers. von Noriko Brandl
Mit Fotos von Katsuhiro Ichikawa

未知谷
Publisher Michitani

まえがき　**福島への旅**

東京に着いた日は、黄色い砂嵐が街を覆っていた。二〇一三年三月。空は高層ビルの上に垂れ下がって、十一月のような秋色の霧。パステルカラーの東京。人々はマスクを付け首をすくめて足早に通り過ぎる。まだ日中なのにもう薄暗い。砂埃が並木や植木の葉やホテルの日本庭園の石仏に付着している。くしゃみが出そうだ。

「この砂は中国から飛んで来るのです」デザイナーズブティックの女性店員が言った。銀赤色の魚の形をした、七個入りボタンセットに目を引かれた。日本の魚——放射能で汚染された冷却水は、貯蔵タンクから海に流されている。ボタンを箱から出して手にとって見る。このブティックのドレスはとても高価だ。どれも上質の絹製で着物風にデザインされている。髪に白いものが混じる店員は、不思議そうに首をかしげる。しかし彼女の眼差しはすべてを語っている――「中国」。数日後新聞に掲載された「中国論」を読んだ。その砂には肺胞にまで入り込む、バクテリアのような微細粒子が混ざっている。微小粒子状物質ＰＭ2.5がその正式名だ。このＰＭ2.5は砂嵐が過ぎ去った後も数週間は、この国のメディアの主要テーマにされるだろう。この外国製の微細粒子は、自国製の放射能への関心をそらせるために好都合な話題のようだ。

翌朝五時すぎに地震で起こされた。福島に旅立つ日だ。テレビをつけようとしたがうまくいかない。ラジオがある。ＮＨＫがニュースをながしている。女性の声が「さくら」について話している。長い沈黙の後、低い男の声が地震の発生と津波の危険がないことを告げ、影響のあった地名とその震度を長々と述べていた。それはごく軽い地震で誰も気にとめなかった。

福島へ旅立つ。駅へ行く途中、霧の中から一人の男がまるで私を待っていたかのように近寄ってきた。汚れたシャツを何枚も重ね着して、足には襤褸を巻きつけ、手にビニール袋をぶら下げている。片手で腹をさすり、もう一方の手で茶碗をねじるように差し出す。男は腹をすかしているのだ。この国を訪れるようになってからすでに三十年にもなるが、浮浪者に話しかけられたのは初めてだった。私は咄嗟に背を向け、黙って男から遠ざかり駅の構内に駆け込んだ。そして自分がとったこの奇妙なリアクションについて、長い間こだわりつづけた。

予約した席の隣は空で、座席の上に一冊の本が置かれていた――『福島の百人百話』。本を手に取りページをめくる。私が考えていたことを、日本の同業者がすでに実行してしまっている。ジャーナリストで、インターネットプラットホーム「インディペンデント・ウェブ・ジャーナル」（IWJ）の創設者の岩上安身さんだ。彼は福島の百人の人々に、原発事故後の生活の変化について問い、人々はそれぞれの被害を語り、現在の生活の不安定さを訴えている。この百人の人々の作るモザイク模様は、福島の悲劇の絵を描き、目に見えない放射能の恐怖を読者に伝える。

百人の写真の中に佐藤幸子さんを見つける。川俣町で自然農を営んでいた女性で、「子どもたちを放射能から守る福島ネットワーク」の創立者である。彼女とは数日後、福島で会うことになっている。失望のただなかの佐藤さんは、私の前に坐り「私は死ぬまで原子力と戦います」と言った。市川勝弘さんが農園で撮した写真の中の彼女は、生い茂る草木のなかで呆然としている。自然の中に放置されている黒いビニール袋のことは彼女が教えてくれた。農園のそばの林の端に置きざりにされている、放射能に汚染された土や枝や落ち葉で膨らんだビニール袋の写真を、ラップトップで見せてくれた。これが現在の福島の「汚染物仮置き場」の実態のようだ。福島の植物は放射能汚染物になった。テクノロジーの限界の象徴であるこのビニール袋と、旅の間ずっと対面しつづけた。

福島が高齢化し寂れていくのをくい止めるため、政府も公的機関も、避難場所に生活する人々を故郷へ戻そうと躍起になっている。「除染」がそのキーワードである。強制避難区域は、繰り返し見直され縮小されていく。汚染された町村は、次々に帰還禁止を解除している。その帰還禁止を解除された町村の住民への保障を、東京電力が一年後に停止することが、帰還を促す大きな「動因」になるだろう。またこれも周知のことだが、その動きと平行して政府は、一部の地域は半永久的に帰還が不可能であることを公表している。ジャパン・タイムズが、二〇一三年の福島県民調査の結果を発表した。約十五万人が住居を失い（displaced）、その三分の一以上の人々が福島県外に住んでいる。このdisplacedという言葉は、第二次世界大戦直後のヨーロッパを連想させる。強制収容所から解放された人達。かつての自分の故郷に戻れない、あるいは戻りたくない、世界のどこにも自分の場所がないためどこにも属さない人々を。強制避難者も、統計には把握されていない「自由意思」で福島を去らなければならなかった多くの人々も、いまだに目的地のない旅を続けている。その中の数人と、私はこの旅で知り合った。橋本雅子さんとKさんの話を聞くために、日本アルプス山麓の松本へ旅した。そして幼稚園長の門間貞子さん。彼女は私設のシュタイナー幼稚園を、福島でも放射線量の低い土地に移転した。現在彼女の幼稚園は安全な場所にあるが、子供が来なくなってしまった。避難者の話はどれも似通っている。母親と子供、または子供達だけが避難し、父親はそこに留まり仕事を続けている。家族離散によって起こる精神的、経済的な問題。父親は政府の楽観的な見解を真に受けて、それに疑問を感じる母親の放射能被曝に対する恐怖を理解せず、彼女の避難をオーバーアクションときめつける。危険に対する捉え方の相違が争いを生む。仲違い。離婚。子供や青少年の学業に対する能力低下。暴力、気鬱、閉じ籠り、アルコール依存。稀な例だが、「自由意志」で福島を去った女性の中には、夫と離れて新しい土地で自立した生活を始め、生き生きと活躍している人もある。この旅の最後に出会う京都の西山祐子さんだ。

福島駅を出る。東口の正面には、ブロンズ製のピアニストの座像がある。彼の憂鬱な心を奏でるかのように、一時間ごとに異なった曲が流れる。午後五時は『福島セレナーデ』。薄いブリキ板をたたくような音色だが、小さな心地よいメロディーである。二〇一一年三月十一日以後、この土地では葬送行進曲こそが相応しいように思えるのだが。いまの福島は何事もなかったかのようだ。「福島にようこそ」、駅の旅行者専用の売店には、名所や名産物の写真入りの広告チラシがいっぱい置いてある。この街の若い娘は、お尻がやっと隠れるくらいのミニスカートをはいて、十五センチから二十センチぐらいのフラフラするほどかかとの高い、ピンクや赤や毛皮の派手なサンダルを履いている。ホテルのレセプションの女性達は、薄いピンクとブルーの制服姿で、実に仕事熱心である。私は考える閑もなく安いホテルグループの会員にさせられた。プラスチックのカードにつける写真もその場で撮られた。魚の形に縦にのばされた顔は、頭上からの光で白く照らされ、髪の毛がだらしなく垂れている。このグループカードは日本中何処でも、このホテルのチェーン店で通用し、宿泊するたびにポイントがつく。この旅の終わりには一泊無料で宿泊できるそうだ。

ホテルのロビーのエレベーターの横に、その日の放射線量の数値を表示する掲示板がある。到着した日は、ロビーが〇・〇六マイクロシーベルトで、部屋は〇・〇五マイクロシーベルトであった。二週間後のロビーと部屋の値は百分の一ずつ高まった。ホテルのななめ向かいには、環境庁が設けた「除染」作業の広報のためのインフォメーションオフィスがある。そこは「プラザ」と呼ばれている。異国情緒をかもすこの「プラザ」は、柔らかい光に包まれたヨーロッパの中世の街の広場のカフェーで人々が楽しそうにカプチーノを飲む情景を連想させる。「プラザ」の通りに面した広い窓口では、緑色の制服を着た二人の若い女性が閑をもてあましている。使う人のいないコンピューター、「除染」作業中の人々を写した写真が貼られている掲示板、地名と数字がいっぱい書かれたポスター。いつ通っても、そこに客がいたためしはなかった。誰と話しても「プラザ」については、唾を吐くように軽蔑し、ほおり投げるような手まねをした。この公的機関は政府と国民の関係を示す良い例だ。つやつや光るパンフレットには誰にもわからない数字を示し、「国民のため」の救済事業だと嘯《うそぶ》く。誰もそれを信じないし必要ともしていないのに、それはそこにある。

「プラザ」のチラシには、近く開かれる市民のための説明会のお知らせが載っていた。二人の国立大学教授が「リスクコミュニケーション」について講演し、最後にディスカッションが行われるようだ。入場料は無料だが、前もって申し込みをしなくてはならない。私はまずメールで申し込んだが、念のため自分で案内所へ行って、緑の服を着た女性に直接申し込んだ。彼女は書類に必要な事項を書き入れ、深くうなずいた。それなのに、夜の講演会場の入場申込者リストに私の名前は載っていなかった。環境庁の三人の職員は、慌てて書類をあちこちひっくり返して調べていたが、結局謝って、私の名前を何度も聞き返しながらリストに書き入れた。受付のチーフであろうか、ひっつめ髪で灰色のパンツスーツの高齢の女性は、私が録音してもいいかと聞くと吃驚して「どんな理由があろうとも、絶対にだめ、だめ、だめ」と両手を振り、あちこちとびまわって私の首に、太い字で「プレス」と書いた札をぶらさげた。講演のあとには、市民との「プライバシーを尊んだ」ディスカッションが予定されている。後で分かったが、このプライバシーの尊び方はとても可笑しなものだった。市民は質問を無記名で紙に書き、それを「儀式長」もどきの司会者に渡す。彼が質問を読み上げると、もう一人がそれを黒板に書き、教授がその無名の質問に答えるというやり方だった。

席に着いて首の「プレス」の札をはずし、メモ用紙を机に置き、受付で貰った資料を揃えている私の周りを、あの「灰色の女性」がうろうろしている。数えてみると出席者は約十五人。そのほとんどが黒いビジネススーツ姿で公務員然としている。会場の隅の「プレス」の札をつけられ設置されたビデオカメラの前に一人の女性が立っている。講演者は二人で、京都大学元教授と福島大学医学部教授である。私はその後の数日間に、いくつか別の講演会でも彼等に出会った。そして滞在二週間後には、福島市の二十万人の住民とすべて顔見知りになったような気がした。彼等はコミュニケーションのリスクについて話している。私は自問自答する。彼等は一体誰のために講演しているのか。講演内容は、政府が民衆とのコミュニケーションにおいて犯す間違い、政府は民衆に如何なる内容と、どこまで真実を伝えられるのか、という問いであるが、そもそも政府と民衆との間に、コミュニケーションが成り立つのであろうか。「リスク・コミュニケーション」という言葉は、日本ではほとんど活用されていないが、ここでは「リズコミ」としておく。京大の元教授は、模範的な民主主義と正しい「リズコミ」の両立を、様々な政治機関に対する国民の信頼度調査を例にあげて紹介する——国民の六十パーセントという最も多くの信頼を集めているのが、国を守る軍隊の役割を果たしている「自衛隊」である。報道機関は非常に信頼度が低い。しかし最も低いのは政治家である（会場から笑いが起こる）。政治家の半数は全く信用されていない――。

講演会の終了後、福島県知事の佐藤氏に、メールでインタビューを申し込んだ。数日前私が今回の目的を話すと、作曲家の嶋津武仁さんは、彼が知っている有名人を紹介してくれた。最近の彼のコンサートで、原子力反対をはっきり公言した県知事のことを、好意的に私に告げた。しかし県知事の秘書は、私の申し込みに対して慇懃に断ってきた――県知事は、外国のジャーナリストとのコンタクトを非常に大切だと心得ておりますが、当日は予定が込み合い、残念ですがインタビューのお時間が取れません。今後このようなお申し込みには十分な時間をとられて、書面にてお願い申し上げます――。

バスは田舎を走る。福島市から太平洋沿岸の南相馬市への道路は、日本でも特に美しい風景の中を通り抜けていく。生い茂る森林は、竹と落葉樹と針葉樹がミックスし、その間に豊かな稲田と立派な農家が点在する。その庭の大きな柿の木には、冬に耐えた柿の実がオレンジ色に輝いている。飯館村と呼ばれるこの辺は、強制避難区域に指定されているが、道路はその真ん中を突っ切っていく。南相馬市は福島県の「滅びゆく市」の一つである。私はその南相馬の病院で、医師の鈴木良平さんと会う約束になっている。彼は南相馬に居残る人々の、深い精神的な苦しみをやわらげ、その健康を守っている。鈴木先生は福島の人々のために生きようと、長年の外務省大使館医務官としての職務を、市井の白衣と引き換えにした。彼自身が放射能汚染で故郷を永久に失った。そこには事故を起こした原子力発電所が建っているのだ。南相馬市の病院はその原発に最も近く、鈴木先生が生まれたのもそこであった。

帰路。福島市への路線バスが突然停止した。ちょうど太陽が野山をバラ色に染め、そして次の瞬間には暗闇の夜が来る。日本では、夜は太陽を数分間で飲み込んでしまう。白い小型トラックが道路をふさぎ、対面の交通を麻痺させている。何故こんな時間に、破壊された海のほうへ行くのだろうと、私は不思議に思った。バスが小型トラックを通り越すのに大分時間がかかった。一人の男が携帯を耳にあてて行ったり来たりしている。彼の車の前には死んだ猪が横たわっていた。

飯舘村の農民が村や田畑を置き去りにして避難したあと、自然がそこを取り戻し征服した。猪、牛、猿、犬、猫、雑草、蔓草。猪と猿たちが、空き巣ねらいのように無人の家に入り込んで生活している。オスの猪が休耕田を跳ね回り、猿の一団が夕暮れに森から出てきて農家の野菜畑で遊んでいる。野生の猪と家畜の豚との、非常に多産な自然交合が始まっていた。だが誰も猪を獲らない。現在の彼等は前のような農民ではなく、避難民であり永久に待つだけの人々なのだ。よしんば彼らが狩をして猪を獲ったとしても、放射能で汚染されつくした餌を食べた猪を、一体どうすればいいというのだ。この話しをしてくれた農民は、福島市の被災者用アパートでは何もすることがないので、日中は飯舘村に戻ること、そして猪が原因の交通事故が絶えないことも付け加えた。その横をバスで通り過ぎながらよく見ると、道路上の死骸は明るい茶色で比較的小さく、人が住めなくなったこの飯舘村の、新しい支配者の身代わりとなって死んだメスの猪かもしれなかった。

シャベルカーは、福島市から太平洋岸へ向かう山林のなかで、高速道路用の広い道を掘っている。この特に放射線量の高い地域を、以前この土地が如何に美しかったか考える閑もあたえず、いち早く通過させるための高速道路だ。村役場の前の二体の石像が、過ぎ去りし日の飯舘村を思い出させる。この石像の頭をなでると、伴奏にのった子供の合唱が聞こえて来る――「山うるわしき、水きよらかな、その名も飯舘、わが故郷よ……」――。子供らの声は、石畳が敷設途中の村役場の前の大きな広場に響きわたる。敷かれずに積みあげられた石は、明日にでもまたブルーの作業服を着た職人が戻ってきて、仕事を続けるのを待っているかのようだ。役場の中のなにもかもが、村長の帰村を待っている。書類は広げられたままで、スタンプもすぐ押せるようにしてある。トランジスターラジオからは静かな音楽も聞こえてくる。一、二名の職員が避難せずに仕事をしている。天がこの誰も望まなかった事態を、また元通りにしてくれる奇跡が起こるのを待つかのように。

物理学者夫妻の案内で飯館村を訪れる。彼等は自主的に救助の仕事をしている。ＮＧＯ「ふくしま再生の会」を結成し、この地域の復興に力を入れているのだ。特に彼は、痩せているが非常にエネルギッシュな人で、ミッションの使命を帯びているかのごとく、ほとんどの時間をここで費やし、放射線量を計測し、分析し、新しい「除染」の方法を探究している。

「除染」。この言葉はなんとテクニカルな響きを持っているのだろうか。実際のところは、家を洗浄し、木の葉を落とし、木を切り、土を削り、その汚染された物質をビニール袋に詰めてどこかへ捨てるだけだ。「私達は、削り取った土をビニール袋に詰めないで深い穴の中に埋め、それがどのように変化していくか、学術的なデータを記録しています」。その物理学者は説明する。最大の問題は、半減期間が三十年のセシウム１３７である。彼はこの村の隅々まで良く知っていて、すべての村民と仲良くしている。私達は古い緑色のトヨタで、三個のガイガー線量計を持って、二百三十キロ四方にも渡る区域を縦横に走った。その七十五パーセントが森林地帯である。店は閉じられたままで、家には鍵がかけられている。稲田は荒れ果て、花々の栽培のために作られたビニールハウスの中には、一メートル以上の雑草が生い茂っている。

取り残された村の神、山つみ神社の鳥居前では、二匹の石造りの狼が寂しそうに見張りをしていた。年老いた一人の女性が、何か異変がないかを確かめるために町から戻ってきて、神社のそばの家に住んでいる。この神社は、日本ではすでに死に絶えた狼を祀っていることで有名である。社殿の天井には、二百三十一の狼の絵が描かれ、手摺には、いくつもの白い狼の彫刻が施されている。昔、山の神は、田畑を荒らす猿や猪を退治するために狼を遣わした。

その道は突然、金網の張られた柵に遮断されて終わる。その向こうは立ち入り禁止区域で、特別許可をもつ以前の住民だけに入ることが許されている。私たちがそこで線量計の高い数字を吃驚してみていると、三人の太った若者を乗せた車が止まった。鍵の束を持った一人の女性が、車から降りて金網の柵を開ける。私は彼女に近づいて、何のためにこの地区に来たのかと尋ねた。彼女はマイクロフォンを見るとだまって頭をふった。線量計は車の中で、すでに四・七一マイクロシーベルトを示していた。戸外では線量数値は急速に高まり、三十マイクロシーベルトでやっと停止した。ホットスポットだ。ここは一年間の放射能許容限度量を、百倍も上回っている。私達は防備服を着用していなかったので、長くそこに留まることを避けた。破壊された原発は、そこから三十キロメートルの地点にある。

三月十一日の事故のあと政府は、地図上に原発を中心にした同心円を描き、その遠近によって各地域の被害の程度を定めた。この飯舘村は原発から三十～四十キロの地点に位置し、当時の政府の見解では強制避難区域とは見なされていなかった。しかし死の灰は、同心円状に規則正しくではなく、不規律にずっと遠くまで振りまかれたのだ。事故の四日後の三月十五日の強風が、放射性物質を満載した雲をここまで運んできた。それが雪と雨に混じってこの地域に降り注いだ。しかし飯舘村の自治体は、住民の避難を急ぐどころか、原発に近接する地域の避難民を受け入れたりしていた。二〇一一年の六月になってやっと住民の避難が決定した。それ以後この村のほとんどすべての住民は、村外の様々な土地で仮暮らしをしている。「ほとんどすべての住民」と言う理由は、飯舘村の真ん中にある小さな養老施設は、何事もなかったかのように今も存続しているからだ。その玄関先には「報道機関立ち入り禁止」の立て札がある。私達は受付の女性に懇願して、靴を脱いで、何とかロビーまで入れてもらった。施設入居者の姿は見えない。医者が一人通りかかった。現在の入居者は七十五名で、年齢は六十歳から九十歳の間が大部分だと教えてくれた。職員はこの区域外から通勤してくる。何故この養老施設は避難しないのか。「年寄りの強制避難には、大きなリスクが伴います。我々は、この人たちにとってはそのほうが良いと判断し、ここに留まることに決めたのです。入居者の中の数人は三月十一日に何が起こったかを知っています」。その医師はつづけて驚くべきことを告げる。「現在でも、この施設に入居したい人が九十名ほど待機名簿に載せられています。しかし職員の不足で入居は許可出来ません」

この養老施設と村役場の前の広場には、この辺りの空間線量を測定する線量計が置かれている。それは人体にほとんど危険性のない、〇・五七マイクロシーベルトを示している。「驚くことはないですよ」と、案内人が説明する。「この辺りは自衛隊が来てすでに清掃しました。特に計量器の近辺は徹底的に除染作業を行いました。しかしそこから数メーター離れると、とたんに測定値は高くなるのです」。このことは、後の東京でのインタビューで、桐島瞬さんが詳しく語ってくれる。この覆面ジャーナリストはある期間、原発事故収束作業員でもあったが、このような隠蔽工作を暴くことを自分の職務と課した。彼は福島とその隣接県を巡り歩き、すべての地域を自ら計測しそれを記録した。汚染した食品で、市場に出回っているものも追跡調査した。辛いことに彼のリストには、ヨーロッパユニオンの国々からの輸入品で、放射能許容限度量を上回っている食品名も載せられている。例えば、イタリアのフンギ・ポルチニ、スウェーデンの乾燥キノコ、ポーランドとオーストリアとフランスのブルーベリージャムなどである。

設置された線量計の性能のいかんは、文部科学省の管轄である。二〇一一年十一月、文部科学省はマスコミの追求に対して「線量計の横に付けられた乾電池によって、地上の放射能が一部吸収されるため、線量計には実際より十パーセント弱大きい値が表示される」と釈明した。合計六百七十五台の線量計が新しいものと取り替えられた。文部科学省は、線量計に対する人為的操作の報告をすべて打ち消した。しかし福島の人々は公的な測量値を信じず、皆自分で測りなおしている。飯舘村では、案内をしてくれた物理学者の指導の下、デジタルの放射線量の地図を作っている。公のものと比べて非常に高いその測定値を信頼し、村民たちは将来再びこの土地へ帰れるかどうかの判断の基準にしている。サーバーの置かれた作戦本部は避難中のある村民の家であり、彼は家畜の世話のため毎日家に戻ってくる。置き去りにされた猫に餌をやるためだという。家の周りの草取りをする人もいる。彼等は農民だから自分の土地へ戻りたい。おぼれる彼等は「除染」という藁にすがる。誰かが彼らにそれは無意味であることを告げるべきだ。男たちは交代で夜間パトロールをする。集団避難直後から、空き巣ねらいや泥棒が急増しているのだ。

旅の最後は京都で、環境保護運動家のアイリーン・美緒子・スミスさんと会う。数十年の間、原子力放棄のため戦ってきた彼女は、NGOグリーン・アクションの創立者であり指導者でもある。彼女は誰も信じたくないことをはっきりと口に出して言う。「除染は不可能です。人々はそれが最新の技術だと言われると、すぐ信用してすべてうまくいくと思います。しかしそうではない事がそこらじゅうで証明されています。雨が降ったり風が吹いたりすると、とたんにまた線量値が上がります。人々が生態系についてもっとよく理解すれば、この方法では成功しないことがわかるはずです」

政府のこの「除染」政策は、数多のNGOの方針を混乱させ、仲間割れを招いた。あるグループは「除染」を奨励し、他のグループは、福島県からの子供達の集団避難とすでに「自主避難」をした人々の援助を優先すべきとした。「政府の強硬な除染政策は、自主避難した人達への援助を回避するためで、当局は被災者に誤った希望をもたせようとしているのです。長い時が流れ、被災者は疲れきって戦う力も失くし、僅かな金額の保証金を黙って受け取ります」。アイリーンさんは、政府は意識的に、被災者が疲れて戦う気力をなくすまで、未決着の浮遊の状態に置いているのではないかという疑惑を持っている。「私はこのプランが公的文書にされているかどうか知りませんが、政府がこれを意識的に実行していることは確かです」

生活設計ができる状況――それを福島の人々は望んでいる。確実なプラン、希望、そして目的が持てる生活基盤。福島市の南方、二本松市に近い農場で、近藤恵さんは語る。彼は有機農業家であるが、今はそこで何も栽培していない。彼はクリスチャンであり、信仰によって心の平穏を求めてきた。彼は考える人であり、それゆえに原子力に対してあまりにも無知であった自分と、原発事故に対する間接的責任の所在を自らの中に問いつづけてやまない。しかしそう考えているのは彼一人ではない。同じ考えを持つ人に、この旅の中で何人も出会った。子供の来なくなった幼稚園の先生、門間貞子さんも、最初から原子力に反対をしなかったという理由で、自分にも間接的責任があるという。そしてその思考は周りの人々にも次々に広がっていく。この旅で私は、この社会的な問題を個人的なこととして自己反省しない人に、一人も出会わなかった。「これは日本人特有の処世術で、責任を簡単に回避せず、自分の中に何かかかわるところを見つけて連帯するのです」。ウィーンの日本人の知人はさらに説明を付け加えた。「特に今回のようにとても酷いことが起きたときは、私達はお互いに強く結束し、自分がそこで何が出来るか、被災者の悲しみをどうしたら少しでも癒すことが出来るかを考えるのです」

死んだネズミのぼやけた写真の下の記事を新聞で読んだ。「一匹のネズミが電気のコードをかじったため、原子炉一号機が停電した。そのため、福島原子力発電所の冷却装置が停止し、十分に冷却が出来ない状態である。しかし、四日以内に冷却装置が動き始めれば危険性はない」

私は緊急事態に備えてリュックサックに、お金、パスポート、飛行機のチケット、水のボトルと懐中電灯を詰め込み、町外れにある福島県立美術館を訪れた。そこには日本画家の作品の他に、数点のピカソとフランス印象派の作品、またアメリカの社会主義リアリズムを代表する画家であり、グラフィックデザイナーでもある、ベン・シャーンの素晴らしいコレクションがある。以前私は新聞で「福島に届かなかった絵画」と言う記事を読んだ——二〇一一年福島県立美術館は、長年念願のプロジェクトである、《ベン・シャーンの回顧展》を企画した。しかし多くのアメリカの美術館は、作品が放射能に汚染されて戻ってくることを恐れて、福島へ貸し出すことを拒んだ——。よりによってベン・シャーンの作品をである。彼が描いた「ラッキードラゴン五」と題した一連の作品は、現在、福島県立美術館に所蔵されている。このシリーズは、ビキニ諸島における、アメリカの水爆実験の犠牲者をテーマにしている。「第五福竜丸」という美しい名前を持つ日本の漁船は、一九五四年三月一日、キャッスル・ブラボー作戦の放射能降下物の中を航海し、乗組員は被曝した。その後、漁師久保山愛吉さんは七ヶ月足らずで死亡した。

予想外の大きさで、非常に印象的な博物館。この建物全体が赤色で、敷地が六万平米に及ぶ現代建築は、大高正人氏の設計で一九八四年に建設された。立地自治体の要求を完璧に満たす、原子力発電所経営会社からの莫大な交付金があったことが、あからさまにみてとれる。そうした資金豊かな自治体だけが、人々があまり必要としない、このような博物館を持つことが可能なのである。入館者は私を入れて三人。博物館には、フランス料理のレストランがあり、そこには強いカレーの臭いがただよっていた。テーブルには、プラスチックのカバーが掛けられている。ウエイターが私に、予約をしたかと尋ねた。周りを見まわすと、客は私一人であった。

博物館は、福島市と伊々崎温泉の中間にある。伊々崎温泉は、熱いお湯の出る温泉で、飯舘村の村民の一人は、彼らの避難所だといっていた。避難区域外に住む親類縁者のところへ身を寄せられる人以外は、福島市の街はずれにあるコンテナの仮住宅か、この時代遅れの裏さびれた温泉が、避難所としてあてがわれた。伊々崎温泉の売り物は、熱い湯、地酒、料理などで、以前もモダンなお客は来なかったが、原発事故後は誰一人として訪れる者はなかった。一体誰が、放射能に汚染された土地で、熱い湯につかり、地元の魚貝や海藻類を食べたいと思うだろうか。日本には他に、放射能汚染がゼロの、モダンでエレガントな温泉場がいくらでもある。そして他の温泉が高いと思っている人も、ここにはこない――ここは一泊二食付き七十五ユーロ（一万円）という格安な値段なのだが――。この遊楽地に、飯舘村の村民たちが避難させられた。空のホテルで金持ち客のようにふるまえたが、彼等は結局のところ、荒廃した温泉場の目撃者となっただけだ。数多のホテルが、町を二分する深い谷川に沿って並んで建っている。谷川沿いの道を登っていくと、川が広い谷から渓谷に流れ込んでいる場所に出る。谷川沿いの道は晴れの日でもじめじめして寂しい。

この道から見るホテルの一群は、高層ビルの林のようだ。その外壁は、数十年の立ち上る湿気のため黒ずんでいる。目を引くのは、幾つかのバルコニーに翻る色とりどりの洗濯物で、それがここには旅行者とは違う種類の客が宿泊していることを物語っている。街の中心の通りにある、商店やレストランはすべて扉を閉ざし、もう二度と開店しないように見える。スナックバーのピンクと白の看板は色あせて、窓ガラスはあちこちがひび割れている。ここも扉が硬く閉ざされ、かつてここが風俗営業の場であったことなど想像しにくい。

「私はここでは、異常なことを普通だと思えるようにならなくてはいけない、という気がします」福島市外のスポーツ競技場で催された、大きな反原発集会で、南相馬の十八歳の女学生が発言した「私達は、いつでもどこでも、ガイガー線量計を持ち歩き計測し、仮設住宅に住み、家族や友人達と離れ離れに暮らしています。でもこのような不自然なことが、だんだんと当たり前に感じられるようになってきているのです」

それは私の福島滞在の最後の日であった。日本中から七千人もの運動家が参加する、非常に印象的な反原発の抗議集会が開かれた。この集会は、「原発のない福島」というグループによってオルガナイズされた。一番有名な発言者として予定されていた、ノーベル文学賞受賞作家の大江健三郎氏は、私も非常に会いたかったのだが、開会寸前に病気による欠席が発表された。この高名な作家はそろそろ八十歳になるが、日本の最も重要な反原発運動グループ「さよなら原発」の頂点にある。

南相馬の両親の家を失ったこの若い女性は、国連の学生平和大使である。二〇一二年、彼女はジュネーブに招かれ、同盟国の代表者たちに福島の現状を報告した「私達は、この原発事故が忘れられ、また再び同じような大きな災害が起こることを最も恐れています。それ故、私の使命は世界の出来るだけ多くの人々に、私達の恐ろしい経験を伝えることだと信じます」。そしてこの女学生は、スポーツ競技場の観衆に自分の経験を語った。彼女の両親の家は、原発から約二十キロの強制避難区域にある。原子炉爆発直後、彼女の家族は山形県に避難した。その後再び父親と彼女と弟は、仕事と通学のため南相馬の避難区域外の仮住宅に戻って来た。母親と兄と妹は山形に残った。それ以後、家族は離れ離れに生活している。二〇一二年十月、両親の家は強制避難区域を解除された。二〇一三年二月、彼女は家の様子を見に行った。しかしそれは酷いものだった。「私の両親の家の内部は、高い放射能に汚染されています。東京電力の責任者が、政府の方針で家の内部の除染はできないといいました。家の中ではネズミが走り回り、野生の猫やチベット猫が巣を作って居ついていました。私は一刻もはやく家に帰りたいと思っていましたが、その動物たちを見てからは、もう家に帰りたいと思わなくなりました」

私はその日の午後、競技場の入り口で、一人の高齢の男性に声をかけられ、とても親切にしてもらった。席に着くや否や、彼は当然のように、持参のコーヒーと餅とりんごを私にわけてくれた。「すぐ食べましょう。一時から集会が始まります」。彼は福島から何百キロも離れた、神奈川県の川崎市からやってきた。年金受給者になる前は、ある電気会社に勤めていたことや、社会党のシンパであったこと、その党は残念ながら急速に縮小したことなどを話してくれた。集会の講演を聞きながら、彼はずっとノートを取り続け、二〇一一年の小型のカレンダーにメモを書き入れていた。彼はまずプログラムに目を通して、後援者の名前の読み方や、職場や肩書きを説明してくれた。私は今でも彼からよくメールをもらう。そこには様々な反原発の集会やデモの様子が書かれてあり、私が興味を持ちそうな雑誌の記事などが添付されている。

それは福島を去る日の朝であった。ホテルを出ようとすると、朝食係りの女性が足早に追いかけてきた。興味深げに、これから何処へいくのかと尋ねた。「レポートを書くため、避難者の家族を尋ねてアルプスの麓の松本市へ行きます」と答えると、彼女は深くお辞儀をして言った「ありがとうございます」

写真　市川勝弘

フクシマ 2013 目次

フクシマ2013

＊Japanレポート3・11

「人の営みの記憶は、すべてどこか特定の土地、場所と結びついている。その土地から離れて存在しているのではない。そうした、人生の思い出が刻み込まれた土地が汚されてしまった。そこにはもうもどれない……」（岩上安身）
それがすべての悲しみの根源なのだ。

福島　自然農家の佐藤幸子さん

福島市にある暖房なしの味気ないコンクリートのオフィスに坐って、私達はお茶で身体を温めている。そこは、佐藤幸子さんが以前住んでいた美しい古風な農家とは比べようがない。彼女の家は、今は日本でもめったに見られなくなった黒く光る木の床を持ち、稲田と野菜畑と日本庭園に囲まれていた。今その畑と庭には雑草が生い茂っているのだ。

佐藤さんの農園は「やまなみ農場」と呼ばれている。そこでは山々が波のように押し寄せてくる。彼女は自然の中で自然と共に生きること、そして農園で季節の移り変わりを見守ることを愛してきた。春の山桜、そして日に日に淡い緑に色づいていく田畑と野山。「土の中の作物が育っていくのを見るとき、私の心は喜びではじけそうでした」。二〇一三年の春出版した『福島の空の下で』は、季節への讃歌で始まる。「夏には毎日食べても飽きない、なすとさやえんどうの味噌炒め、キュウリの三五八漬が定番メニューでした」。秋には稲の穂を束ねる。しかし彼女はなによりもまず、オリーブと同種の金木犀の黄色い花の香りについて書いている。とても甘く魅惑的な香りは、激痛もやわらげてくれる。彼女はその木の下で、初産のつわりの苦しみに耐えた。中国では、二〇〇〇年もの長きに渡ってこの香りを培い、この花と緑茶とを混ぜ合わせて特別高級な貴種を作り出した。冬の東北地方は何処も雪がいっぱいで、田んぼは休養に入る。薪の用意や家屋敷の修理、そしてお正月の準備。長い伝統で米を搗いてお正月に食べる餅を作る。これが単純な農村の生活であり、夫と五人の子供達とともに、佐藤さんが長年の間培ってきたものである。「それ

は自然の只中での生活であり、それが人間にとって如何に大切であるか、肌身に沁みて感じてきました」

二〇一一年三月十一日は、この生活循環が失われた日であった。この原発事故に反応して、自然が変化を起こしたことに気づくと、彼女はそれも書き留めている。「春なのにツバメやモンシロチョウが少なかったのです。夏になっても、セミの声があまり聞こえませんでした。稲に群がっていたスズメも、二〇一二年の秋にはほとんどみかけませんでした」。佐藤さんは、あの水俣湾が水銀で毒化された時と同様の関係を指摘する（一一五頁参照）「最初は猫が被害をうけました。そして大勢の住民が水俣病に苦しみました」。一九五〇～六〇年代の「水俣病」に対する当時の政府の対応は、現在の政府の「福島」対策と類似している。政府は、人々が非常に大きな被害を受けていることを黙殺している。「いつの時代も経済優先のこの国は、国民の命より大企業の利益を守るために、子どもたちの未来のことを考えたことなどないのだと思わざるをえません」

彼女は今また、福島の放射能災害と足尾銅山のスキャンダルが、同じ裏構造を持っていることを認識する――一八八〇年代より注目された栃木県足尾銅山の汚水問題は、日本で最初の環境汚染災害であった。鉱脈から垂れ流しにされた毒水が、近辺の二つの川に流れ込んだ。十年間ですべての魚が死に絶えた。三千人の漁夫が職を失った。鉱脈から出る毒の泥は、実り豊かな土地を月世界同様の不毛な土地に変えた。鉱脈の拡大は森林の伐採を促し、森林の喪失は崖崩れと洪水を引き起こした。一九〇七年に採鉱労働者が決起した。一九七三年（!）になってようやく足尾銅山は閉山された。それは、水銀汚染の水俣病患者や、広島、長崎、そしてビキニ諸島（一九頁参照）の放射能被災者に対するのと同様の仕打ちであった。佐藤さんは指摘する。「福島では、レイチェル・カーソンによって一九六〇年代の初期に、『沈黙の春』に記された事が真実となっています。――その日が来るだろう、地球上の生き物が死に絶え、ただ沈黙だけが存在する」。このアメリカ人の動物学者でアカデミックな女性ジャーナリストが、一九六二年に出版した『沈黙の春』（原題 *The*

Silent Spring）は、いまでもエコロジー運動のバイブルとされている。繁栄する都市に密かに浸透していく異様な悪疫の原因として、レイチェル・カーソンは、ある植物保護用化学溶液に注目し、それが人間と自然に及ぼす危険な影響を明らかにした。

福島の冷たいオフィスでの再会で伝わってきたのは失望だけだった。二〇一一年の秋、インタビューのため国会議事堂に行進した時の、素晴らしく楽天的な佐藤さんの面影は全く失われていた。あの当時の彼女は、近く実現するであろう日本の原子力発電所全廃を目指して、大きな希望に燃えていた。彼女は原発事故に対しても、それが「フクシマ」に起きたことから、象徴的な意味をもつと考えていた。フクシマは、漢字で「福」の「島」と書く、「福」がいっぱいの「島」なのである。「この名前を持つ土地が、「不幸」の土地になってしまったのを契機に、世界中の人々が考えを改め、原子力からの離脱を可能に出来れば、この土地の名前は、正しいのです」。いまの彼女は疲れ果てて意気消沈している。それは福島の寒々とした状況を、一人でその肩に背負っているように見えた。私達はノートパソコンで、最近彼女の農園の近くで撮った写真を見る。大きなビニールの袋が林の周りに並べられている。除染された放射能汚染物が一時的に集積されているのである。福島県では高齢化が進み、土地が荒れ果てている。政府は、離散した県民を何とかして帰郷させるため、様々な方策を実行している。そのために「除染」をし、強制避難区域を幾度も縮小し、無人化した町村への帰郷を促している。「公に発表されている放射線量は、健康障碍の危険が少ないとされる数値なのです」

しかし彼女は、自分の農園に帰らない。

主婦であり、母親であり、専業農婦であった佐藤さんは、五十歳を超えてから運動家になった。それ以前の彼女は、原子力発電所から約五十キロメートル離れた川俣町で自然農を営んでいた。彼女の先生は、一九三九年生まれで奈良在住の農業専門家川口由一さん。作家であり教師でもある川口さんは、自然農のパイオニアであり、「赤目自然農塾」の創立者だ。彼は、化学噴射溶液、雑草除草剤、そして化学肥料を農園から排除するだけでなく、自然への攻撃もひかえた。鋤で畑を耕すこともしなかった。「それは草や虫と敵対することです」。この農法は人的介入を出来るだけ排除し、種が自然に発育するのを「よし」とする哲学に裏打ちされている。作物はその地方の環境と自然に適したものが植えられる。それは実に単純に聞こえる。温暖な地方では、暖かい気候に適した作物を育て、寒い地方では、寒さに強い作物だけを作るようにする。川口さんの方法では、まずその作物に適した場所を選び、出来るだけ自然のままに育てることを第一とする。「我々人間が好き勝手に、ある虫を、これは益虫だ、これは害虫だと決めつけると、自然界は滅茶苦茶になります。益にだけなる虫も、害にだけなる虫もいません。すべての生き物は彼らの場所を持っているのです」。これが彼の信条だ。そして、人間が一人では生きられず集団社会が必要なように、米も稲田の中で他の米と共存して育つ。この哲学が放射能と相容れないのは当然のことである。同じように、自然農婦として三十年以上のキャリアを持つ佐藤さんも、この自然に対する正しい認識を次の世代に伝えるために、この栽培法を学習してきた。しかしいまはもうそれを実践することが出来ない。

二〇一一年四月、佐藤さんは自分の農園で、二・五マイクロシーベルトの放射線量を計測した。地震は井戸を涸らした。自然農専門の彼女は、そこには未来がないことを確信した。子供達は原発事故の直後に安全な場所に避難させた。彼女はあの運命の日、日本で正しい行動をとった数少ない人々の中の一人であった。一九八六年を契機にその時の用意をしていた。チェルノブイリの原発事故の年、長男はまだ四歳で、長女をちょうど妊娠中であった。チェルノブイリは彼女を目覚めさせた。原子力発電の危険に対する自らの無知に気づいてすぐ勉強を始めた。関連ニュースを聞き何冊も本を読んだ。原子力発電について知れば知るほど、この技術が持つ恐ろしい危険性と、人間の身体に及ぼす放射能の悪影響が明らかになった。そして、隣の町にある原子力発電所が、事故を起こすかもしれないという潜在的な危険に気がついた。その当時から彼女は、福島の原発が事故を起こした場合、子供達を百キロ離れた土地に避難させる決心をしていた。その疎開場所は山形県であった。

そしてそれが現実になった。原子炉の爆発の直後、彼女は山形の友人に電話をした。彼は言った。「幸子さん、今すぐ逃げてください。出来るだけ早くこちらへいらっしゃい」「子供のいのちを守ることは、親が子供にしてあげられる最低限のことです」。佐藤さんは子供達を即急に山形へ疎開させた。彼女自身は当時「青いそら」という、肢体不自由者の支援とヘルパー派遣事業を行なうNPO法人の理事長であったため、危険を知りながらもすぐに避難する事が出来なかった。農園を訪ねてくれた人のリストと預金通帳、玄米、味噌、塩、醤油を荷物に入れて、四日遅れて三月十七日に彼女は子供達のあとを追った。

自分の子供の安全を確保したあと、佐藤さんは福島に残された約三十万人の子供達のことを考えつづけた。二〇一一年五月一日、約二五〇人の協力者と共に、「子どもたちを放射能から守る福島ネットワーク」略して「子ども福島ネット」を結成した。「異なった立場や意見があっても、私達は、子供達を高い放射線量の危険な地域から避難させるという、共通の目的で団結したのです」。彼らの仕事は、放射線量の測定、福島についてのニュースの広報、政府に対する抗議活動などである。ネットワークの活動と、そのバイタリティ満々の先導者の佐藤さんの呼びかけで、福島市では、子供の甲状腺エコー検査が可能な共同診療所と、無農薬の食料品店、そして市民の誰もが食品の放射能含有量と体内の内部被曝を測ってもらえる施設が出来た。

しかし、佐藤さんと彼女の協力者たちの活動は、その究極の目的を達成することが出来なかった。二〇一三年四月、仙台高等裁判所は、「すべての子供達を福島県から避難させる」要求を却下した。福島原発から約五十五キロの地点にある、郡山市の十四人の小学生が、安全な場所での学習を求めて訴えを起こした。その控訴人たちは、一年間の放射線被曝量が一ミリシーベルトを超えない、本当に安全な場所を求めていた。国際放射線防護委員会では、年間被曝許容量を一ミリシーベルトから二十ミリシーベルト以内に規定している。原子炉爆発事故のあと日本政府は、福島県の年間被曝許容量を二十ミリシーベルトと規定した。大人も子供も区別なしに。裁判は要求を却下したのに、判決理由の条文の中では、放射能被曝は長期に渡ると健康の障碍になる恐れがある、と述べられている。事実に反する判決は、福島の人々の不安を増し、佐藤さんのNGOの活動を低迷させた。二〇一一年の彼女は、「子ども福島ネット」で、原子力への大きな反対運動を組織していくという方針と、新しい女性運動の可能性とも前向きに取り組んでいた。数多のデモと政治集会、そして霞ヶ関の経済産業省前での福島の女性達の坐り込みは、彼らに勇気と希望を与えた。この農村の女性達が目覚め自分の声を上げるという集団行動は、日本では特別に斬新な出来事であった。彼女らは芯は強いが控えめで、酷寒の中でも男と同じように畑で働き、古い農村の男社会のなかでじっと耐え忍んできたのだ。佐藤さんを先頭にした、放射能汚染の恐怖のない生活を勝ち取る、福島の女性達のこの自由な戦いは古い農村のしきたりを破った。

この女性達の「経産省座り込み」の時、総理官邸、内閣府での話し合いが実現した。しかしそれは、例によっておざなりな一方的なものでしかなかった。それからも彼女は情報伝達の分野に力を入れ、イオン化された放射能の危険性についての講演を繰り返し行うと同時に、国から見離された「自主避難者」達への援助募金運動に邁進した。一人彼女は力の限り戦ったが、目的を達成できない多くの問題が、今もなお残っている。現在、「子ども福島ネット」の運動員もたった十二人に減った。可能な人はどうにかして福島を去ったのだ。

佐藤さんの家族も離れ離れに暮らしている。多くの家族の母親は福島を離れ、父親は残っている。彼女の家族はそれと逆に、自然農を続けるため夫が福島を去り、ヘルパーステーションを続けるため彼女が残った。その状況は今後もつづくだろう。福島は彼女の故郷である。

一九五八年五月十九日、彼女は川俣町に生まれた。彼女の三人の子供はすでに成人し、残りの一人がまだ学校に通っている。当時中学生の末娘は引越しへの不安と反発、また運動家としての新しい母親の役割を理解できず、一年間の登校拒否を続けた。母親がいつも

家にいないので、彼女は寂しかったのだ。アメリカでの講演に、佐藤さんはこの二人の子供たちを連れて行った。「二〇一一年のあの日から私が続けている生活は、普通の生活ではありません」。現在彼女は福島市で、三男と二人で暮らしている。娘は山形の全寮制の高等学校に通っている。

人間間の争いは生きる力を消耗させる。感情は荒立ってくる。家族が離れて暮らさなければならないのは悲しく辛いことである。しかし彼女は「死ぬまで」この運動を続けると言う。

「最悪のことは、この大きな原発事故によって奪われた日常生活を、もう二度と取り戻せないことです」

福島　作曲家で指揮者の嶋津武仁さん

大震災以降、作曲家で指揮者の嶋津武仁さんの生活に、「自然」が大きな比重を占めるようになった。あって当然だったものが失なわれ、初めてその本当の大切さを知る。「私は、自分を型にはめるのが好きではありませんが、強いて言えば自然主義者と思ってもらっていいかもしれません。私達は愛する人々や家や物を失っただけでなく、故郷を失ってしまったのです」。末端がカールして白いものの混じった髪を後ろに撫で付けた嶋津さんは、エレガントな顔付きを歪めて辛そうに言う。日本の最も美しい風景の一つである福島の、今は汚染されてしまった森と野原、水田、川、そして湖に、彼は様々な音の言葉を与える。無人化した飯舘村を訪れたとき、彼には自然が「ここにはもう人間がいなくなった」と、嘆き悲しんでいるように聞こえたのかもしれない。

二〇一二年この村を訪ねた後、嶋津さんは「飯舘の四季・四句」という九分十九秒の長い曲を作った。この曲のもとになったのは、女流詩人、黛まどかさんの四つの俳句である。この伝統的な短い詩は、五・七・五の音で、自然の美、清らかな水、そして農民の簡素な生活を表現する。

春：をちこちに水音立てて桜咲く
夏：行列に花降りかかる祭かな
秋：澄む水に愛の句湛えあいの沢
冬：ふるさとは母のにほひや凍み大根

あれ以前のこの村の四季は、このように美しいものであった。嶋津さんがこの俳句につけた曲は、篳篥《ひちりき》（日本の伝統的なダブルリードの吹奏楽器）とパーカッションを使い、自然の様々な音を創り、言葉とハモらせたり、逆に対立させたりしている。それは電子音楽である。静寂の中に聞こえてくる限りなく小さな調べが、突然爆発するような篳篥の響きに変わる。それはクラリネットとオーボエをミックスしたような音だ。「篳篥の響きは、言葉には出来ない人々の心の底の苦痛のうめき声なのです」。篳篥の音色は、時には詩と寄り添い、またある時は詩をするどく切断する。

「いま私が作る曲はすべて、どこかであの大震災と繋がっています」。嶋津さんは、二〇一一年三月十一日以降、作曲家としても指揮者としても仕事が多く、次から次へと新曲を作り続けている。主として市、県、そしてその他の公的組織が、様々なチャリティーイベントや内外の記念行事のため、彼に曲の演奏を依頼してくる。すでに彼は、ドイツ、アメリカ、韓国からも招待された。私たちが二〇一三年の春先に福島市で会ったときも、丁度彼は韓国の統営《トンヨン》へ、大音楽祭出演の打ち合わせのため出かけるところであった。

それは統営の生んだ大音楽家イサン・ユンの記念音楽祭である。彼は嶋津さんのドイツ留学当時の教師であった。イサン・ユンは、

ドイツ国籍を持つ作曲家で、朝鮮がまだ日本の占領下にあった一九一七年に統営で生まれた。それで彼は上手な日本語を話し、嶋津さんのドイツ生活の初期の困難さを救った。この若い日本の音楽家にとって、中国と朝鮮の伝統音楽と西洋アヴァンギャルドのテクニックを併せ持ったイサン・ユンは、理想的な教師であった。西洋アヴァンギャルドの追求こそが、一九七〇年代にドイツへ留学した嶋津さんの究極の目的でもあったのだ。イサン・ユンの経歴はまるでスパイ小説そのものである。彼は一九五〇年代にヨーロッパへ留学する。一九六七年（当時韓国は軍事国家）、彼は韓国の秘密警察によってドイツからソウルに連行され、拷問され、国事犯として告訴される。初審で終身刑を言い渡されたが、国際的な抗議によって一九六九年に釈放される。一九七一年、彼は西ベルリンでドイツの国籍を得る。一九七〇年から一九八五年まで、ベルリンの芸術大学で作曲を教え、国際的アヴァンギャルドの一員となる。そこで日本から留学してきた若い嶋津さんに出会う。「二人ともアジア人でしたから、私達はよく理解し合いすぐ親しくなりました。共通の伝統文化を持っている彼は、ヨーロッパと西洋音楽を最高の形で私に教えてくれました。追従したり真似たりはしませんでしたが、音楽的にも彼は私の手本でした」

嶋津さんは、二〇一一年三月十一日以降に作曲した作品を、「Since 3.11」と題してCDにまとめた。このCDには、飯舘村の四季を読んだ俳句につけた曲以外に、オーケストラとバリトンのための「福島レクイエム」が入っている。また他の曲「風のごとく」「祈り」といった作品が収められ、最後に入っているのが、笙《しょう》とコンピューターによる、ブレスコミュニケーションという作品である。この笙と呼ばれる楽器は、篳篥と同様に日本の宮廷音楽に使われる吹奏楽器で、何本もの竹の管から構成されパンフルートに似た形をもち、ハモニカのような音を出す。嶋津さんはこの笙の響きを利用し、コンピューターを使って風の音を創りだした。

「私達は、人々が魂まで失なってしまわないように、なにかしなくてはなりません」。起こってしまったことはもう元に戻すことはできない。放射能に対しては皆と同じで無力である。だがこれだけは確かだ。音楽家とし

て、現在の福島の状況と人々の願いを深く理解し、それを音楽を通して広く世間に発信することで、人々の相互理解を深めることが出来るはずだ。彼は人々の不安を減らし、出来ることならそれを希望に変えたいと願う。理解と希望。これが彼に与えられた使命だ。

それだからこそ嶋津さんは福島に留まっている。福島を去ることは全く考えない。「私が福島を去ることは、福島は危険だと証明することです。そして、私の放射能に対する恐れと不安を、学生達に覆い被せることなのです」。国立福島大学の作曲科の教授として就職して以来数十年、福島は彼にとってどこよりも大切な土地である。彼の福島に対する長年の感謝の気持ちは、この大震災によっても揺らぐことがなかった。「私はここの生活が気に入っています」。現代を代表する作曲家である彼にとっては、福島を去り他の土地で生活することはいたって容易なことである。彼は東京にも家を持っている。東京の家には、彼の妻ともうすぐ成人する一人娘が暮らしている。しかし彼にとっては、安全な土地での生活より、彼の同僚への義理や生徒たちに対する義務のほうがより大切なのである。彼は福島大学教授であると同時に、福島市のある中学校の校長でもあるのだ。この若い人たちの将来についての質問に答えるのは、彼にとって最も難しいようだった。教師としての彼の義務は、この若者達を教育し援助することである。それは音楽分野での指導だけではなく、もっと広範囲にわたるものだ。そこで彼は、若者達の放射能に対する恐れや不安を出来るだけ取り除くことに心を砕く。大震災直後は、多くの子供や学生達が両親とともにこの福島から避難した。彼の学生達は皆ここにとどまったが、沖縄や北海道までいってしまった人もいる。

大震災後の状況は福島大学でも似たり寄ったりであった。その直後から数週間は、大学も公的避難所として二百五十名の避難者を受け入れ、教師も学生達もその援助にあたった。その当時の強い衝撃を、嶋津さんは合唱とオーケストラのための「祈り」という作品に結実させた。この曲は、二〇一一年十二月二十六日、福島市音楽堂で初演されたが、それは被災者に対する心からの祈りの曲であった。「幸運にも私は、自分の気持ちを対象化し再構成し、この人間の喜怒哀楽を音楽として発信することが出来ます」。彼は自分の持って生まれた才能に感謝している。

東北地方の人々は、いつでも何が起こっても、黙って辛抱することが良いことだと教えられてきた。「それは多分にこの長く寒い冬のせいでしょう」。現に福島ではこの耐えられない状況を、人間の尊厳を失わないぎりぎりのところで耐え忍んでいる。「貴女もご存知でしょう。我慢です」と彼は私に目配せをしながら、「寛容さ」と「気長さ」そして「忍耐」と「忍苦」までもの意味を含んだ「我慢」という言葉を口にする。彼自身は南の地方の出身で、オープンで気が短く、運命に甘んじる事が少ない。

嶋津さんは一九四九年、お茶の名産地静岡県の下田で生まれた。日本の七十パーセントのお茶がここで栽培されている。下田は歴史のある美しい港町である。十九世紀の後半、あの有名なアメリカのマシュー・ペリー提督が率いる「黒船」艦隊が来航し、日本との友好通商を迫った。その数年後下田港は、北海道の函館港とともに開港された。それを契機に日本の鎖国体制は事実上解消した。この下田港の付近で嶋津さんは生まれて育った。高校を卒業すると彼は東京へ出て、アートと教育面に優れた東京学芸大学で作曲を学び、七十年代にはヨーロッパに渡りベルリンで勉強した。

二〇一一年秋、初めて出会った時、彼は助手であるバイオリニストの千葉あやさんを連れてきた。若く陽気で社交的な彼女は、その場の雰囲気をやわらげてくれた。二人は気のあった、仕事上でも良いチームであるようだ。あやさんはボスをよく知っているらしく、時々やんわりとアドバイスをしたり、足りないところを補ったりしている。嶋津さんはそれに対して一つ一つチャーミングにお礼を言う。彼にはヨーロッパ風ジェントルマンの礼儀正しさが身についている。その日彼は私たちを、伝統的な日本レストランの昼食に招待してくれた。そこで私達は畳に坐って、てんぷらと刺身とソバを食べながらよく笑った。黒い髪で丸い顔に黒縁の眼鏡をかけたあやさんは、福島の農家の出身で、生まれてから二十六年間ずっと福島で生活している。そばをすすりながらあやさんは、驚くべき福島の人々の現状を語る。彼女の夫は居酒屋を経営している。お客はそこで食べたり呑んだりする。そしてその客たちの会話が自然に彼女の夫の耳に入る。毎晩この店は客でいっぱいになる。福島市の仮住宅に住む強制避難地域から来た人たちは、自分の家も仕事もないが、東京電力から支給される災害交付金で日頃の小さい楽しみは十分賄える。パチンコ、食事、酒と女。私はその話に、駅の裏通りにある赤提灯街の薄暗いバーと黒い服を着たドアマンを連想した。この地域の経済ブームについてあやさんは、これはすでに「震災バブル」と呼ばれていると教えてくれた。この「バブル」という呼び名は、一九八〇年代の日本の高度成長経済を指したもので、ここでは大震災によるこの地域の繁栄を皮肉っているのだ。いま本当に困っているのは、それが放射能許容限度量に達していなくても、誰も福島でとれた米や魚を食べないため、収穫物が売れない農民や漁民たちだ。彼女は福島の人々の間を二つに引き裂く「切断ライン」についても話してくれた。友人同士の出会いはかならず、福島を去るほうがよいか、それとも残るべきかで、終わりのない長いディスカッションになるか、短い喧嘩で終わるそうだ。彼女と同年齢の若者たちは、結婚をあやぶみ、子供を作ることを躊躇する。多くのチャリティコンサートや記念行事のことになると、あやさんは手を振って言った「皆もうあきあきしています。繰り返し繰り返し、地震と津波と原発事故のことを聞くのは」

最初の出会いの時、放射線被曝に対する恐怖の有無、という質問に対して嶋津さんは、それを事もなく打ち消し、長時間の飛行では誰でも高い放射線を浴びるのだと答えた。震災直後の彼にとって放射能は、津波による実際の死との遭遇に比較して、あまり大きな精神的な障碍ではなかった。彼は地震と津波で多くの愛する人々を失なったし、家族や親しい友人を失くして悲しみにくれるたくさんの人々を知っていた。しかしその二年後の彼は、放射能そのものについても、民間に伝えられたその不確かな情報に対しても憂慮している。「私達は毒のような不安を抱えています。数年後の影響については、誰も確かなことが解らないのですから」。毎日彼の目の前で行なわれている徹底した除染作業も、いっこうに効果がない。除染後も放射線量を長時間低いままに保つことが出来ず、ホットスポットがなくならないことも彼は知っている。セシウム137は常に木々から落ちてくる。木の葉を落としてビニール袋に詰めても何の効果もないのだ。「この福島の木々をすべて切り倒さない限りセシウムは無くならないのです！」表面的な除染は何の効果もない。セシウムはずっと前から、土に沁みこみ木に吸い込まれ水に溶けてしまっている。「私達は素晴らしい緑の自然に囲まれて暮らしていますが、もうそこへは近づけないのです」。彼は出来るだけ子供や学生達と放射能の危険や恐怖について話さないようにしている。「しかし心配なので、私は子供達を自然の中に連れて行きません」

「もし私に音楽がなかったら、現在の私達のおかれている困難な状況を、どう表現したら良いのか全くわかりません」。ピカピカした福島駅の構内のイタリアレストランで、「虚構の日常性」にとりまかれてカプチーノを飲みながら、彼は作品の中の「石」の役割について語る。自然の石をあつめコンピューターを使って音を作る。石を転がしたり打ち付けたりしたカチカチという音が、コンピューターを使うと、ドーンとなったりカラカラカラとなったりする。この作品の初演は、二〇一一年六月のベルリンでのコンサートであった。石の形によって、楽器のように様々な音を作ることができる。それは子供の頃、池に石を投げて遊んだときのようだ。遊びが好きで好奇心が旺盛、そして工作が趣味だったところから電子音楽への関心が芽生えた。当時あちこちに落ちていたテレビやラジオを拾ってきて、その部品でスピーカーや増幅器《アンプリファイヤー》などを作り物理の実験めいたことをやっていた。それは中学生時代に好きで良く聞いていた、フルトヴェングラーの指揮するベートーベンの交響曲第五番『運命』を、もっとも良い状態で聞きたかったからである。この曲が彼をして音楽家の道を歩ませることになった。数年後のベルリン留学中、彼は教授にこの大好きなレコードのこと、そしてその中でも特にピッコロの演奏が生き生きしていて素晴らしかったことを告げた。するとその教授は大笑いして言った「それは私だ」。彼はベルリンフィルの有名なフルート奏者カール・ハインツ・シュミットであった。それは嶋津さんにとってなんと素晴らしい出会いであったろうか。

西洋音楽に対する興味とベルリン留学への意欲は、丁度ベルリンから帰国したばかりの学芸大学の恩師によって喚起された。日本ではすでに明治時代から西洋音楽の音階が導入され、アジア諸国の中でも最も盛んに西洋音楽が普及していた。若い音楽学生だった嶋津さんは、西洋音楽の真髄を学ぶにはその地元のヨーロッパで勉強するのが一番だと思った。彼はまた現在のヨーロッパではどのような新しい音楽が作られているか、それが如何なる方法で行なわれているか、その芸術的、技術的限界がどこにあるのかを知りたかった。彼は日本人の教師には興味がなく、西洋音楽を生粋のヨーロッパ人に学びたかった。しかしベルリンでの彼の教師は韓国出身のイサン・ユンであり、彼と日本語で会話をすることになったのは、ちょっとした運命の皮肉といってもいいだろう。一九七七年から四年間、彼はベルリンの芸術大学で学んだ。当時はまだベルリンを東西に分断する「ベルリンの壁」があり、その壁も東ベルリンの電車も学生寮の部屋からよく見えた。「当時の私はまだ二十八歳の若さで、素晴らしい毎日でした」

ベルリンで過ごした日々は、自分の内面を探る旅でもあった。そこでは自分が日本人であるということをいやというほど知らされた。またベルリンは、電子音楽への傾倒を著しく促進させた。初めて電子音楽に興味を持ったのは、一九七〇年の大阪万博での演奏を聞いた時であった。そのとき嶋津さんは、自分の進む道はこれしかないと思った。ベルリンに留学してまもなく、工科大学で電子音楽祭が開かれた。「はっきり言うと、つまらなかった。自分の作品のほうがずっと面白いと思いました」。その後すぐ工科大学のスタジオの所長に面会し、自分の作品を聞いてもらった。その人は、彼が工科大学で電子音楽の研究ができるように取り計らってくれた。こうして嶋津さんは工科大学の電子スタジオで実験を始めた。最初は大した作品が出来なかった。音楽を作るための器具があまりにお粗末すぎたのだ。そこには何台かの振動器とオープン・デッキレコーダーしかなかった。しかしだんだんと設備も整いコンピューターまでもが揃った。それは当時の日本では到底考え

られない素晴らしい環境で、電子音楽の発展に大きな可能性を与えるものだった。

嶋津さんはヨーロッパでの学習の足をパリへも伸ばし、ポンピドーセンターの音響音楽研究所（IRCAM）で三ヶ月間勉強した。そこで七十年代後半にすでに、コンピューターを使って作曲することを学んだ。彼はいまでもその時に学んだ方法で作曲をしている。しかし現在はコンピューターも楽器の一つとして、他の楽器と一緒に使用している。「音を出すものはすべてそれを創造的に利用することができます」

嶋津さんが帰国した頃の日本では、電子音楽に対する大衆の興味がすでに下降線をたどっていた。ジョン・ケージが音楽を止めたのもその頃であった。電子音楽は実験的な要素が大きくパフォーマンスに向いている。嶋津さんはまずコンピューター・ミュージックを手がけた。当時は毎年ヨーロッパとアメリカとカナダで、コンピューター・ミュージック世界大会（ICMC）が開催されていた。一九九三年、嶋津さんはオルガナイザーの一人としてその世界大会を東京の早稲田大学で開催した。自分で作品を選びプログラムを作った。その時、あのCD「Opening A New Horizon」ができた。

彼の日本でのキャリアは、ヨーロッパでの修練なしに考えられない。再び日本の厳しい規律や人間関係の中で暮らすのは、彼にとってそうたやすいことではなかった。「ヨーロッパから帰国した私が一番困ったことはなんだったかわかりますか？」彼は笑いながら聞いた「私は敬語を忘れてしまったんです。目上の人や年配の人には敬語を使わなくてはならない日本では、それは本当に困ったことでした。その頃の私の日本語は、どうしようもなく酷くて間違えばかりでした。それで皆から『お前は一体何者だ』と言われていたのです」。それでも彼は日本の音楽家の仲間入りを果たし、有名な作曲家や指揮者と懇意になり、第一線で活躍する音楽家たちと共同でコンサートのオーガナイズをするようになった。彼の作品はＮＨＫの電波に乗り、様々な音楽祭で演奏された。こうして帰国後短期間で彼は著名になった。東京の音楽専門学校で二年間の講師を務めた後、福島大学の講師として採用された。「国立大学の教授になると将来の保障と生活の安定が得られます」。彼がこの職についてからすでに三十余年の月日が流れた。しかし彼の教師としての意欲と天性は変わらない。国立大学の学生達は、特に裕福な家庭の子供ではないが、皆が非常に優秀である。その若者達にヨーロッパの水準を超えた教育をすることが、彼にとっての大きな喜びである。「私はこの三十年間、一つの目的を追及してきました。それは学生達に世界中何処へ行っても通用する実力をつけてやることです。この力は、来る日も来る日もセシウムと戦って生きなければならない彼らにとって、将来なによりも必要なのです」

シュタイナー幼稚園々長　門間貞子さん

「おはようございます、ユディットさん。今日の福島はとても風が強いから気をつけておいでください」再会の日、門間貞子さんから、福島の悪天候についての注意報が届いた。彼女からの最近のメールには、日本語の中にドイツ語が混じっている。福島市の渡利地区にあった幼稚園で知り合ってから約一年後の二〇一二年十二月、彼女から手紙をもらった。ドイツ語を勉強して、ドレスデンとライプチッヒのシュタイナー幼稚園へ実習に行きたいと書かれていた。「私はこの原発事故を望みませんでした。それは実に酷い、告発糾弾すべき事実です。でも神様は私にもう一度勉強が出来る時間を与えてくれました。私の幼稚園にはいま子供が三人しかいません。今の私には以前のように大きな責任がありませんから、ドイツへ行くことが出来ます」

彼女は幼稚園を移転した。私にはわかっていた。彼女は「目に見えないほこり」との戦いに敗れたのだ。二〇一一年の秋、一冊の絵本が私を彼女のところへ導いた。最後に子供たちが地球に対して汚染を謝る話。東京の経済産業省前の反原発テントで、運動家達にインタビューをしたとき見せてもらった本。それは彼らが持っていた最後の本だったので渡したくなかったのを、私は巧みに言いくるめて貰ってきたのだ。その時この本が私をどこへ連れて行き、誰と会わせてくれるのか思ってもみなかった。それは私が日本でよく経験するラッキーな偶然と言っていいだろう。誰かはそれを「運命」だという。

門間さんはその絵本を、以前彼女の幼稚園で働いていた、グラフィックデザイナーで芸術家の石山誠さんと共同出版した。話を作り挿絵を描いた彼は、最初に彼女の幼稚園と福島から去った人だ。原発事故の後まもなく彼は北海道に渡り、門間さんを大きな痛みの中に残した。福島市だけでも約六千人が他の土地へ避難した。「社会の亀裂」と以前門間さんは私に言った「大震災が残した人々の間の深い傷は、放射能被曝に対する恐怖より酷いものです」

この絵本『希望の光』は、空気や水や土、そして虫や花が好きでも外に出て遊んではいけない、かわいそうな子供達の話である。大人たちは自らシャベルを握り、その幼稚園の周りの「目に見えないほこり」を削り取り穴の中に埋めた。「目に見えないほこり」とは、

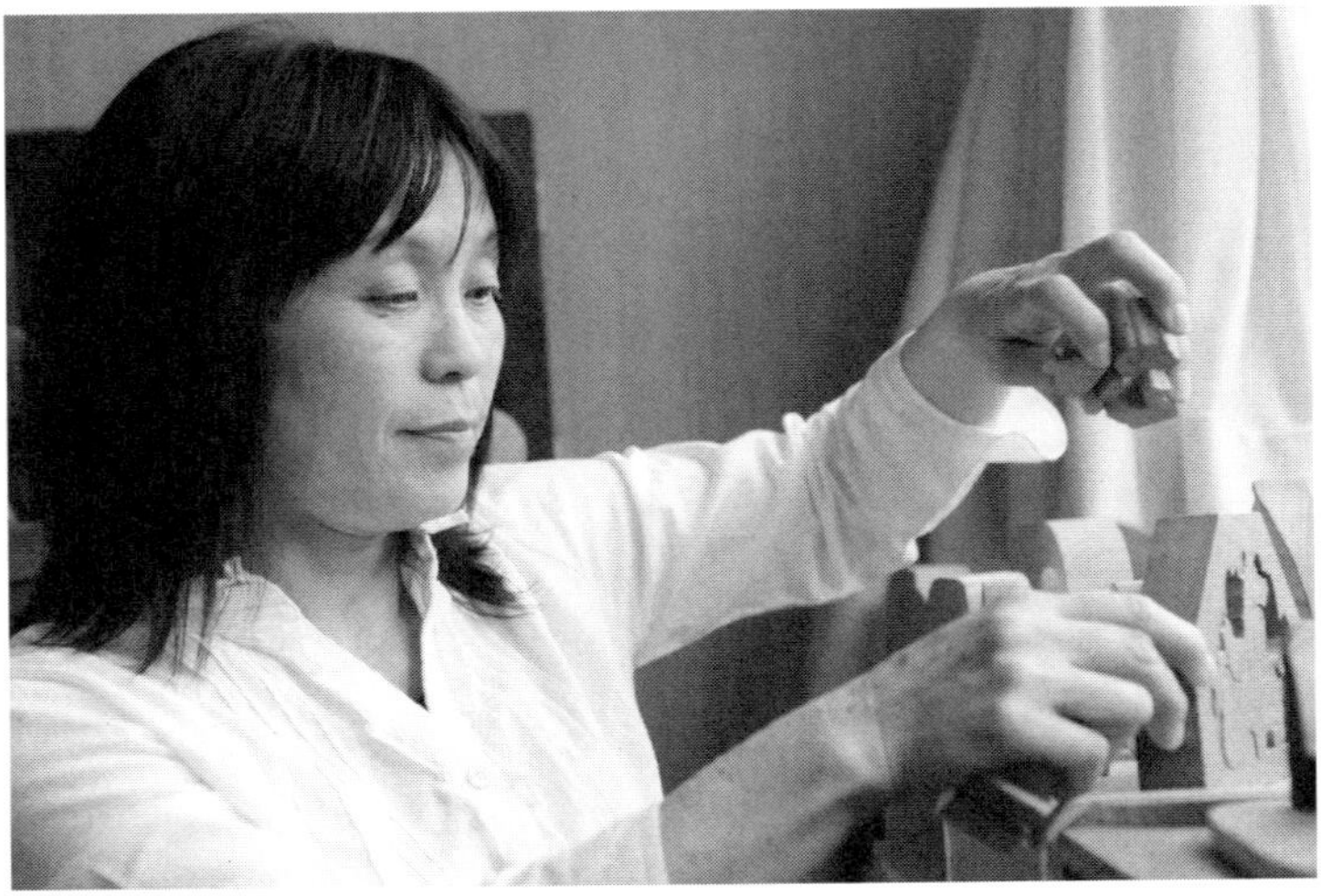

二〇一一年三月十五日、放射能を満載した雲が福島市に降らした雨で汚染された土のことである。この絵本『希望の光』では、除染後すべてが元通りになり、子供達がまた戸外に出て森で遊び、川で水浴びが出来る「希望」を語っている。
　この「希望」でこの本は終わっている。しかし現実には、幼稚園の周囲の除染はあまり効果がなかった。門間さんは協力者と一緒に、幾度も幼稚園の中庭と表の庭を除染した。しかしガイガー線量計の値は、またすぐにあがった。どの雨も新しい放射能の汚染をもたらし、セシウム137は木々から地上に撒き散らされた。門間さんは問いつづけた。どうすればいいのか。「私は子供達に言い続けなければなりません。それに触っちゃダメ、庭で

遊んではダメ、これもダメ、あれもダメ」。そしていつか気がついた。この状態をつづけることは、子供の肉体的、精神的発達に良いはずがないと。彼女にとってもそれは限界だった。人々が次々に福島から去っていく。特に幼い子供をつれた母親が一番多い。門間さんの幼稚園の子供達もどんどんいなくなった。当初二十三人いた園児が、大震災の半年後には九人に減り、二年後には三人になった。

そらまめの家——門間さんは、福島市渡利地区にある彼女の幼稚園を、民話に出てくる、家よりも大きく育つ「そら豆の家」と名づけた。シュタイナー幼稚園は、その教育方針をオーストリアの人智学者、ルドルフ・シュタイナーの哲学に依っている。「子供たちは、母の胎内にいるかのように安心して、暖かさ

に包まれ喜びに満ち、すべての物事を楽しむべきである」。普通の幼稚園の先生だった門間さんが、シュタイナー理論に出会ったのは、彼女の息子が満一歳のときであった。彼女はすぐその理論に傾倒し、国内で三年間の教習を受けた。一九九七年、彼女は「そらまめの家」を開園した。福島では最初で唯一のシュタイナー幼稚園であった。

そしていま、彼女は福島市のはずれの荒井地区にある古い農家を借りて、幼稚園を移転した。市の中心からそこまではバスで約二十分かかる。幼稚園は野菜畑と水田に囲まれている。遠くに雪をかぶった安達太良山と吾妻山がみえる。吾妻山はその形が霊峰富士に似ているため、「吾妻小富士」と呼ばれている。毎年春になると、その山には白い兎が現れる。農民はそれを見て種蒔きの時期が来たことを知る、と言い伝えられている。山肌の融けた雪が白い兎の形に似ているのだ。門間さんは放射線量の低い、その小さい霊山の麓に幼稚園を移転させたのである。子供にとっては安全な場所。しかしそこには高齢者しか住んでおらず、若者はだれもそこで生活を営もうとしない。そこは農村地区で、農業を守るために新しい住宅の建築は禁止されているのだ。

大きな部屋で三人の子供達が、床の上を飛び跳ねて遊んでいる。この子たちが門間さんの幼稚園の園児全員である。部屋の隅に小さい机と椅子が置かれている。遊び道具と台所。そこで毎日、彼女は子供達の昼食を作る。「子供の昼食に、福島でとれた米や野菜は使いません。水も水道ではなくボトルの水を飲ませています。私はもう人生の半分を終わっていますから、農家の人に協力してここで作った米や野菜を食べています」

壁に向かってピアノが置かれている。数日後このピアノで、仁平徹さんという若い音楽学生が、この寒い寂しい幼稚園で、私たち二人のためにコンサートをしてくれることになっている。彼は門間さんとヨーロッパへの郷愁を分け合ったり、彼女の悲しみを労わってくれる友人である。「見てください、彼のあの小さな手を」と言いながら、彼女は彼に優しいまなざしをなげる。

私達が事務室に坐って話を始めるとすぐに、涙がとめどもなく門間さんの頬を伝わって流れた。彼女は五十歳で、今すべてを新しく始めなければならない。でも彼女は何をどうすればいいのかわからない。この状態で何時まで幼稚園を続けていけるのか。「私には、なにもかもが昔と変わってしまったことが信じられないのです。私はあと二年、もしかしてあと五年くらい今の状態を続けることが出来るかもしれません。でもそれ以上は無理です。それからのことは考えられません。何処へ行けばいいのか、何処で生活すればいいのか分かりません。私は多分ここにとどまるでしょう。福島に」。福島市の南側で彼女と暮らす夫もここにとどまるであろう。彼は福島から近い二本松のある会社に勤めていて、簡単に辞めることができない仕事をもっている。そのことについて私達は、それ以上のことは話さなかった。そして彼女の十八歳と二十歳の二人の息子達についても、長男は福島市で働き、次男はまだ学校へ通っていること以外は話さなかった。私達は幼い子供と幼稚園についてのみ語り合った。そして彼女の叶えられない願望について。「政府と当局が、以前のように子供達が安心して成長できる環境をとりもどすか、又は、子供達が他の安全な場所で両親と一緒に生活が出来るようにすることを、私は希望します」

二〇一二年の春、門間さんは初めて日本を出て、ポーランドとスペインへ海外旅行をした。グリーンピースの招待で、ヨーロッパの人々の前で福島の生き証人として恐怖と不安な生活について講演した。キャッシュ地方のルビアトボでは、グリーンピースがオーガナイズした「反原発集会」に出席した。このバルト海地域は、ポーランドの最初の原子力発電所の有力な候補地である。マドリッドで彼女は、福島の人々と風景を写した写真展「シヤドーランド」の開会式に出席した。

日本に帰国した彼女のもとにドイツから訪問者があった。サクセン州のサイフェンナースドルフのハイコーコーターさんが、千四百ユーロとガイガー線量計を届けてくれた。そのお金は、ハイコーコーターさんが会長をしているサイフェンナースドルフの武道連盟会員の柔道家達が集めたものである。彼女はそのお金で新しい幼稚園の家具を買った。門間さんはその翌年ライプチッヒとドレスデンを旅行し、バウツェンのシュタイナー幼稚園で実習をした時、そのサイフェンナースドルフとチッタウワー山麓を訪れている。ハイコーコーターさんはその後も幾度か小額の募金を送り、彼女のサイフェンナースドルフへの訪問をサクセン新聞の記事にして紹介した。その記事には写真が付けられていた「チッタウアーの狭間線路を見学中の、日本から訪れた門間夫人」

ドイツは門間さんにとって、友人や協力者がいても、生活の本拠地ではない。彼女は人々の暖かい援助にとても感謝している。「でも私は、自分が被害者だと叫ぶことが出来ません。この原発事故は、私にもいくばくかの責任があると思っています。私たちは選挙権を持っていて、如何なる政府を選ぶかを自分で決められるのです。ですから、今福島で起こった事も私たち皆に責任があるのです」

福島滞在中、私は何度か門間さんと会った。仁平徹さんがいつも一緒だった。私達は彼と三人で、福島市の街外れにあるレストランへすしを食べに行った。それは日本の田舎の街によく見られるアメリカンスタイルのショッピングシティーの中にあった。その大きなレストランでは、寿司をのせたベルトが座席の合間をぬって短い間隔で蛇行している。空席ができるまで三十分以上も待たされた。しかしそれだけのことはあった。ビールは美味しいし、魚は新鮮で値段は安い。回転寿司は最高である。ベクレル？　そんなことを聞く人は一人もいない。徹さんと私はお腹いっぱい食べた。小柄な門間さんはちょっと食べるとすぐ満腹して、私たちゲストの食欲を満足そうに観察していた。

徹さんは彼の夢を語った。彼はライプチッヒの音楽大学で勉強したいのだ。入学試験に備えて彼は、ピアノを毎日数時間も練習し、ドイツ語も習っている。福島大学教授の嶋津武仁さんに作曲も学んでいる。嶋津先生は彼のドイツへの留学を支援している。こうして人の輪が繋がる。

徹さんは私達のために、寒い幼稚園でピアノコンサートをしてくれた。門間さんと私はオーバーを着たまま床に坐り、頭を前に傾けて四十分間無言で聞いた。四十分間私達はピアノの音だけに集中していた。四十分間私達は「福島のその後」と、その解決の見通しのなさを繰り返し話す必要がなかった。ピアノを弾き終えた徹さんは、私のノートに今夜のコンサートの曲目を書いてくれた。

ヨハン・セバスチャン・バッハ：平均律クラヴィーア曲集・第二巻・ホ長調・ハ短調
ルードヴィッヒ・フォン・ベートーベン：ピアノ・ソナタ第一七番ニ短調作品三一－二「テンペスト」

エドヴァード・グリーグ：抒情小曲集　作品五十四－四「夜想曲」

セルゲイ・ラフマニノフ：前奏曲　作品二十三番一、三、五。作品三十二の一、十二。

モーリス・ラヴェル：「亡き王女のためのパヴァーヌ」

それは福島の最後の夜だった。このコンサートは福島を去る私への別れの贈り物であった。

門間貞子さんは、渡利地区にある彼女のかつての幼稚園「そらまめの家」を壊して片付ける予定でいる。空き家のまま置いておくのには経費がかかりすぎるのだ。この決心に至るまで、彼女には二年の月日が必要だった。彼女はこの「そらまめの家」を愛していた。もちろんそこにいた子供達も。少し前から彼女には、原発事故以前の収入の七十一パーセントにあたる生活補助金が、福島原子力発電所の経営会社東京電力から支給されている。今の彼女は、懐かしい思い出と決して叶えられない願望を抱きながら、その補助金で生活している。

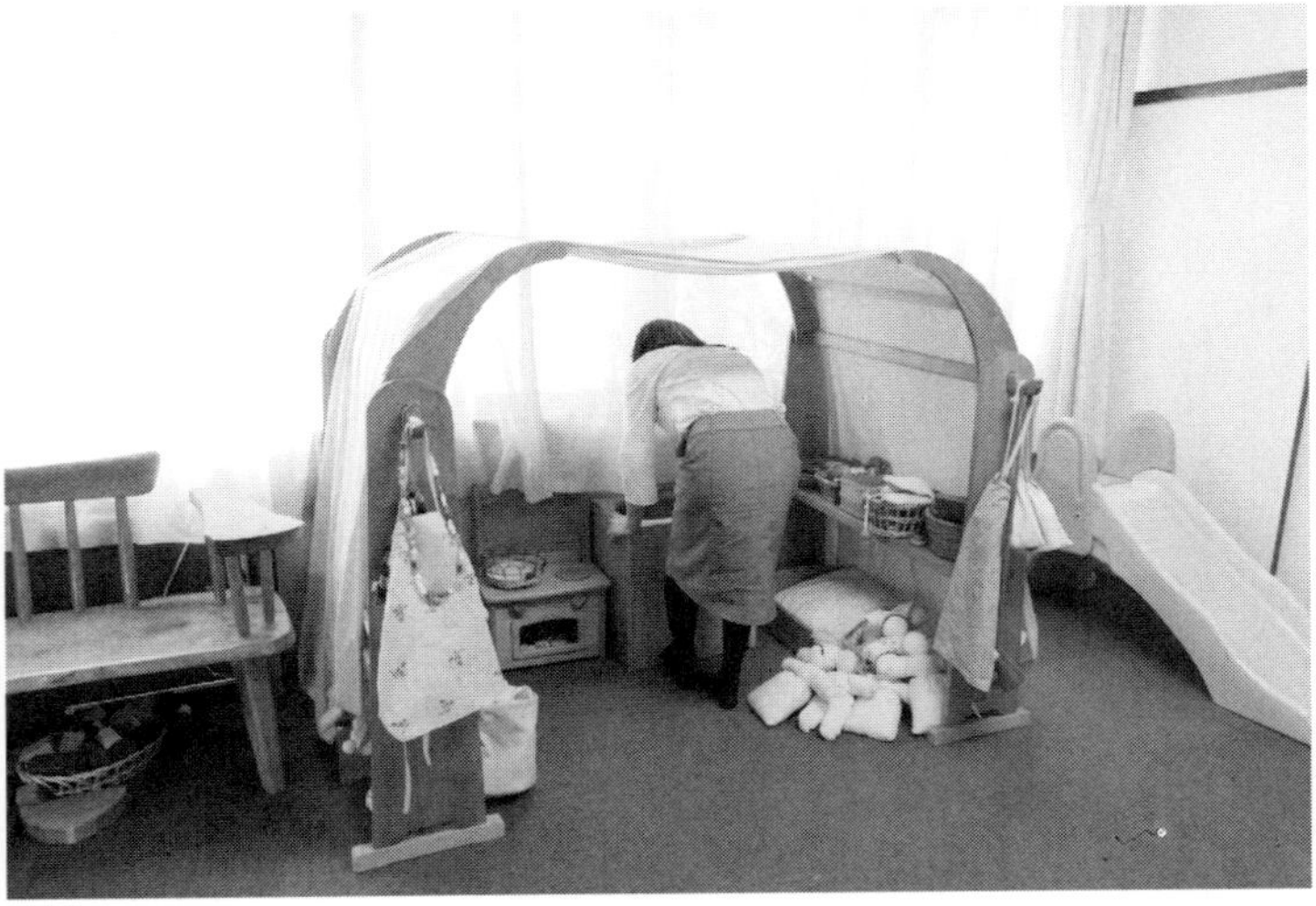

今は昔、美しい土地にあった幼稚園の、元気でやさしかった先生の物語。

福島

有機栽培農場主　近藤恵さん

「緑茶」が私を近藤恵さんへと導いてくれた。正確に言うとそれは、ウィーンのナーシュマーケットにある日本風喫茶店「茶の間」と、その店主の近藤愛美さんのことである。お茶をテーマにしたラジオ番組のインタビューで近藤さんに会った時、抹茶ラッテを飲みながらこの『フクシマ2013』の企画を話した。これまでに私は日本で一体幾度、誰かに誰かを紹介してもらっただろうか。そこにはあまりに多くの人が介在していて正確に思い出すことが出来ない。今回もそのケースである。「近藤」という同じ苗字の愛美さんと恵さんは、親戚でもなければ友人でもなく、彼等は一度も逢ったことがない。私はあの「緑茶」から出発してあちこちをまわり、ついに二本松にある近藤さんの農場にたどり着いた。そこへは福島から電車で三十分かかった。

　低いテーブルのコタツに足を入れて坐った私に、この家の主人は、寒くはないか、お茶を飲むかとたずね、お茶菓子に桜餅を添えてくれた。「さくら」の名が付けられた薄桃色の米の餅菓子である。それは春を告げる。確かに自然は長い冬の眠りから目覚め、そここの木々には花がほころびかけている。遠くの山々はまだ雪をかぶっているが、数週間後には水田からやわらかい稲の苗が芽を出し、今まだ雑草が生えている畑では耕作が始まるだろう。家の周りのつつじが、濃いピンクの花を咲かせるのもまぢかである。
　この家は二〇〇八年に近藤さんが買い取り改築した、美しい木造りの古い農家である。彼は多くのお金と労力をこの家につぎ込んだ。ここでは新と旧がセンスよく生かされている。

グランドピアノが占領している居間の床は明るい色のフローリング。もとの家の黒っぽい木とよく調和している。ピアノはピアニストである彼の妻のもので、彼等は茨城県で知り合った。この家の改築のため近藤さんは、あちこちから用材を探して買ってきた。例えば、模様のある古いガラスの引き戸は、隣の山形県から見つけてきた。それはこの家の戸の高さにぴったりと合わず、少し隙間ができている。引き窓の割れ目や隙間に貼られたテープの跡が見える。

家の改造は二〇一〇年には、どうにか家族が不自由なく暮らせるところまで来た。しかしその幸せは長く続かなかった。彼の家は福島原子力発電所から約六十キロの地点にある。強制避難地区には離れすぎている。しかし彼が自信を持って農業に専従するには近すぎた。近藤さんは有機農業家である。そしてクリスチャンでもある彼は、日本の将来を深刻に考えている。

大震災が起こった時、彼の農園経営はなんとか軌道に乗ったところであった。三ヘクタールの畑に、米と野菜、主にキュウリとナスを作っていた。すべてを有機農法でやってきた。この地域は牛と乳牛の飼育で有名だが、いや有名だったが、彼の農園では動物は飼っていない。ただ二匹の猫がいる。一匹はエレガントなペルシャ猫で、もう一匹は太った白黒の斑。今その斑はちょっとはなれてそ知らぬふりで行ったり来たりしているが、本当はそばに来て話に加わりたそうにみえる。日本は兼業農家が多いが、近藤さんは農業だけで、三十代の前半ですでに妻と二人の子供（小学生と中学生の男の子）を養ってきた。しかしそこに至るまでは毎日が戦いの連続だった。幸運なことに、現在の日本では有機栽培野菜の人気が高い。最近その機能的な市場も確立した。原発事故の前からすでに、日本農業界の化学肥料・農薬・殺虫剤などの乱用に対する憂慮から、自然の無農薬野菜を求める人々が徐々に増加してきたのだ。しかし原発事故後の近藤さんは、自分の作物をこの無農薬市場へ出荷することを断念した。

この間の事情を彼は遠い過去にさかのぼって詳しく説明してくれた。二〇一一年三月十一日以前の、日本の国民の大多数は原子力発電所の存在を承認していたか、少なくともそれについて反対はしていなかった。それを憂慮する人は、変わった人か、平和を乱す人と見なされていた。「日本では、個人よりも団体を大切にする伝統的文化的見地から、少数派は無視されてきました」。彼は有機農業家で少数派に属し、放射能を危惧する気持ちがよくわかるという。「少量の農薬でさえ危険であるとしてきたので、放射能も同じように危険だと思うのは自然なことです。だからこそ、私の作る米や野菜が放射能に汚染されていることが、私には許せないのです。私は客にどう顔向けし、なんと説明したら良いのでしょうか。『少量なら大丈夫ですよ。一キロの米に一ベクレルの放射能はオーケーです』そう言わなくてはならないのは、私にとって大きなジレンマです。私には出来ません。それは私の有機農業家としての誇りを傷つけ、それを失うことなのです」その喜びも一緒に。

近藤さんは有機農業家になるため大きな努力を重ねてきた。彼の家は農家ではなく福島の出身でもない。彼は農業を勉強し、その専門家に師事してきた。一九七九年東京に生まれた。両親は彼を、福島の隣の山形県にあるプロテスタントの高等学校の寮に入れた。この田舎のクリスチャンの環境の中で成人した。大学卒業後、千葉県の有機農家で一年間実習した。それは厳しい研修期間だったが学びも多かった。千葉での修行期間の後、福島の知り合いのクリスチャンの家でまた一年間働いた。この人から非常に多くのものを学んだことを、彼は感謝をこめて語る。独立に際してもこの師匠は多大な援助をしてくれた。二〇〇六年に思い切って二本松で有機農家として出発した。初めの三年間は兼業し、家を買いとって改造をした。

今の彼は、二度と再び自分の土地で有機農業を営むことはできそうにないと思っている。しかし彼はそこにいる。それは、彼の家やその近辺が彼にとっての「心の故郷」であるからだ。私達は長い会話の途中、幾度となくその問題につき当たった。「去る」か「留まる」か。彼自身でも可か否かの結論が出せない問題が、出口のない輪のなかでぐるぐる廻っている。「放射能被曝のことを考えると、子供のためにはここを出たほうが良いに決まっています。でも子供達は学校に通っているから、ここには友達がいます。そう私にも先生や友達がいます。農業を止めてから勤め始めた農業共同組合（以下、農協）の同僚もいます。それは皆、簡単には見捨てられない大切な友人なのです。その一方で私と妻は、長野か神戸の近くの田舎でもう一度有機栽培を始めようかとも話しています。私はこのまま農家としての自分を一切葬るつもりなのか、と自問自答をくりかえしているのです。私が実際にここを去れば、ここでは農業が不可能であることを証明することになります。それはここに留まらなくてはならない人を傷つけます。彼等は私がそのことを話すとこう答えます。『近藤君、出て行ってどこかで安全な野菜と米を作るのも一つの道だ』

「今の私には簡単にここから出て行く決心が出来ませんが、子供の健康を考えるとそうした方が良いのです。妻もそう思っています。彼女は非常に心配しているのです。もし私が会社員だったとしたらとっくの昔にここを出ています。しかし農家であり、他の農家とも親密な関係にある私には、それはどうしても出来ないのです。私はずっと考え、悩み続ける辛い毎日を送っています」

日本の多くの人たちと同じように近藤さんも、二〇一一年三月十一日の事故の後、原子力発電と放射能被曝についての勉強を始めた。原子力発電所の近距離に暮らしていたのに、それまではほとんど無関心で、その危険についても全く考えていなかった。それを彼が初めて認識したのは、原発事故の後、放射能が身体に及ぼす危険を説明し、彼と家族の避難を促す友人のメールを読んだときからであった。その時彼はあわてて、すべての窓とドアの隙間をテープで塞いだ。三月十八日には妻と子供達を連れて東京の父の家へ避難した。彼等は三月いっぱいそこに留まり、テレビのニュースを見ていた。知れば知るほど彼の不安は膨らんだ。しかし春の暖かい日が来ると、彼の中の「農民」の血がさわいだ。「種蒔きの時期がきた」。三月三十日に彼等は二本松の自宅へ戻った。近藤さんは申し訳なさそうに言った。「遠くにいては現地の本当の様子が分かりません。その上学校も例年どおり四月に始まりました」。福島県は始業式を延期せず、平常どおりの授業を行なうことに決定

したのだ。日常は、その混乱と不確実さを無視して続けられた。彼は毎日ガイガー線量計で放射線量を測り、それはいつも正確な数値を示した。しかし一体それがどの程度危険なのか、明確には理解していなかった。そこが強制避難区域でなくても、避難した方が良いのか分からなかったし、米を作れるのか作れないのかも知らされなかった。三月末になっても、政府からの公式の情報も告示もなかった。彼は一番親しい友人である師匠の息子に相談したが、彼もどうすべきか分からなかった。四月六日になって当局は、福島県全地域の土壌の放射能汚染値計測に踏み切った。「この辺りは、二、三箇所の土を鑑定しただけです。しかし、非常に高い汚染の数値が出たのです」。当局からは、米の耕作はすべてのデータがはっきりするまで待つように指示された。一週間後、改めて汚染値の測量をすることが決定された。しかしその結果もあまり思わしいものではなく、すぐにははっきりした結論を出すことが出来なかった。米の耕作に際しての土の公定放射能許容限度量は、五千ベクレルであり、二本松では、限度量に近い四千九百ベクレルを記録したのだが、当局はついに、米の耕作に「可」の最終決定を下した。「この辺の農家は全員が米を作ることにして種を蒔きました。あの時皆が、もう米は作らないと言ったとしたら、大変なことになったでしょう」。近藤さんも、もう一度種を蒔いた。

二〇一一年秋、彼は最後の収穫をした。「農業を止める」彼の決心は多分に気持ちの問題であった。「もし私の米のベクレルがゼロであったとしても、私は二本松で作った米を何といって客に売ればよいのでしょうか。私にとって大切なことは、私の作った米や野菜が皆さんに喜ばれることでした。でも事故以来、私の米は放射能に汚染されていないか、それを食べさせて子供達の健康に害がないかなど、お客さんは手放しで喜んでくれないと思うようになりました」

この心配は現実となり、うち消すことが出来なくなった。

彼に一つ質問をする。「二〇一一年の春、農家の人達が米を作ることを断ったとしたら？」「もちろん私達にはそうすることが可能でした」近藤さんは回顧する。しかしそれは彼等にとって自殺行為に等しいものだった。「誰かが自分の測定と意思に従って米を作らなかった場合、ここは政府から許可された土地であるがゆえに、後で何の保障ももらえないし裁判でも勝つ見込みはありません」。その状況は「自主避難」の立場と似ている。公に「安全」と見なされている地域の住民が、子供の健康障碍を恐れて自らの判断で他の土地へ移住した場合だ。彼等はなにひとつ援助を受けることができないし、引越しの費用も新しい土地での生活の準備もすべて自分で賄わなければならない。米に関する政府の規定は以下の通りである。収穫した米が一キロ当たり、放射能許容限度量の五百ベクレルを上回り販売できなかった場合に限り、農民は損害保証金を受けることが出来る（作らなければ賠償金さえ請求できない)。それ故に農民は政府の命令に従って米を作らざるを得なかったのだ。当局の「安全地帯」と「危険地帯」の境界線の引き方はまったく大雑把で、ただ単に、通りの右側は安全で左側は危険というものであった。

彼の妻は、日に日に放射能被曝への危険に対する恐れが強くなり、二本松に暮らすことに耐えられなくなった。二〇一一年七月、彼女は二人の子供をつれて宮城県へ移住した。人生は人間の意志より大きいものに導かれていると近藤さんは思う。彼も妻もこれからどうなるのか、宮城に行くべきか二本松へ戻るべきか本当に判らなかった。「私達はこの難しい選択の前に立たされとても悩みました」

そして最終的に全員で宮城に移住した。しかし一年後の二〇一二年の七月、またここに戻ってきた。近藤さんは農協で働き始めた。彼は一人では何も出来ないことが分かった。農協では皆一緒にこの地区の農業を立て直す努力を始めた。安全な食物の生産と、原子力以外のエネルギーの開発がその地域の農民の目的とされた。どうすれば可能なのか、近藤さんにはまだはっきり分かっていないが、これだけは確かである。「私達の世代では、危険な原子力からの離脱をまず実現しなければなりません。大切なことは、神を知り、神を信じることです」

農協で仕事を始める前、近藤さんは日本の南端にある沖縄へ旅行した。沖縄には、一九六〇年の日米安全保障条約に基づいて、いまだに四万七千人のアメリカ兵が駐留している。近藤さんは自己反省をするとともに、母国日本の暗い面を深く追求し始めた。そして沖縄と福島の共通点を見つけた。沖縄でも犯罪が繰り返し抹消されている。近藤さんは突然気がついた。沖縄はアメリカ軍の基地をおしつけられ、福島は東京都の電力補給地として、危険な原子力発電所をおしつけられていたのだ。政府は沖縄のことをほとんど公表しない。国民も沖縄のことには全く無関心である。近藤さんは自分自身で、沖縄の現状をもっと知りたいと思った。「無知は罪悪です」。アメリカ軍基地の沖縄の人々は、戦後約七十年間、飛行機と鋭い銃弾の爆音に日常生活を脅かされ続けてきた。アメリカ兵による日本女性への暴行や自動車事故による日本人の被害、軍用ヘリコプターの住宅地への墜落などは、事後調査も曖昧にされている。近藤さんは、沖縄のアメリカ兵の日本人に対する傷害事件を調べてリストアップしてみた。そして彼は、沖縄の住民が日米安全保障条約によって、如何に大きな負担を負わされているかを知った。第二次世界大戦後のアメリカ軍の日本占領は一九七二年まで続き、朝鮮戦争を戦ったアメリカ海兵隊は沖縄から飛び立ったことや、沖縄は共産圏の中国と北朝鮮を監視するための最前線の太平洋軍事基地であり、アメリカはそれをたやすく手放さないだろうことも認識した。東京の政府は国民の要求は無視してアメリカのいいなりになっていることも。一九九六年に沖縄住民の約九十パーセントが、アメリカ駐留軍の縮小を要求した。しかし結局は何も変わらなかった。
事実を知ろうとしないで、沖縄や福島の現状を見て見ぬふりをする人は、その犯罪に対して間接的責任があると近藤さんは確信する。彼は原発事故に対する自らの間接的責任の罪を追求する。事故一年後のクリスチャンの集まりで、彼はそのことをテーマに講演した。別れるとき彼はその時のテキストを私にくれた。数ヵ月後の再会のときも、彼はもう一度それを私に手渡した。テキストは華麗で悲壮な文章で綴られ、筆者の高い学識と聖書への知識の豊かさを表していた。「神を信じることで破滅から救われます」。聖書の「ローマ人への手紙」の第一章が、まるで電撃のように彼を捉えた（人間の救済、原罪と喪失、人間の不正に対する神の怒り一、十八〜三十二節）。特に二十八節の言葉である。「こうして彼らは神を知ることを役に立たぬものと考えたので、神の方でも、彼らの心が役に立たなくなるに任せられた。その結果彼らは（人として）なすべからざることをするようになったのである」（塚本虎二訳聖書）
「私達が今、神や倫理を必死に求めなければ、私達の心はずたずたに切り裂かれ、この地域の復興は果たせず、さらに破滅の道をたどらなければなりません。原発事故が起きてからの我々の一番の問題は、人々が『無宗教』であることです」
「それゆえに私は十字架に掛けられた。それゆえに私は再び生き返った」。聖書を読みながらこのイエスの言葉に彼は涙を流した。なぜなら彼は、この数ヶ月間の苦しみは、そこにわずかでも神の存在を見出したとするなら、無益ではなかったとはっきり理解したからだ。

クリスチャンとしての近藤さんは、日本では非常に小さなグループに属している。キリスト教徒は日本国民の一パーセントに過ぎない。キリスト教は十六世紀に日本に伝来し、ごく短期間栄えたが、広く民衆の間に浸透することはなかった。日本での布教は、スペインとポルトガルのアジア植民地政策の一環として進められた。一五四九年、ポルトガル王の命を受けた、イエズス会のフランシスコ・ザビエルが日本の南端、鹿児島に来航した。彼は日本における最初の布教師であり、教会も彼が初めて建立した。ザビエルはヨーロッパとの通商を欲した幾人かの大名をキリスト教徒に改宗させることに成功した。その後スペインのフランシスコ教団が、カトリックの布教と二国間貿易の締結のために来日した。スペインとポルトガルの布教者達はお互いに競争相手を落としいれようとたくらみ、結局のところ共倒れになった。キリスト教徒は弾圧され処刑された。一六一四年、キリスト教は禁止され、すべての布教者と外国人は追放された。一六三九年から一八五八年まで、日本は外国の国々と通商を絶ち鎖国した。

近藤さんの居間の机の上には、小さな人体線量計が置かれている。それには彼の息子の名前と学校名が書かれている。子供はそれを青緑色の袋に入れて、赤いひもで首にぶら下げて学校へ行く。袋は母親が縫ったものだ。その機械をじかに身体につけていると、連続的に放射線量が計量され記録される。人体線量計の横には、市立二本松小学校からの通知が置かれている。それは過去四ヶ月間の小学校の様々な教室の放射線量測定値をミリシーベルトで表にしたものである。この期間の測定値はほとんど一定している。

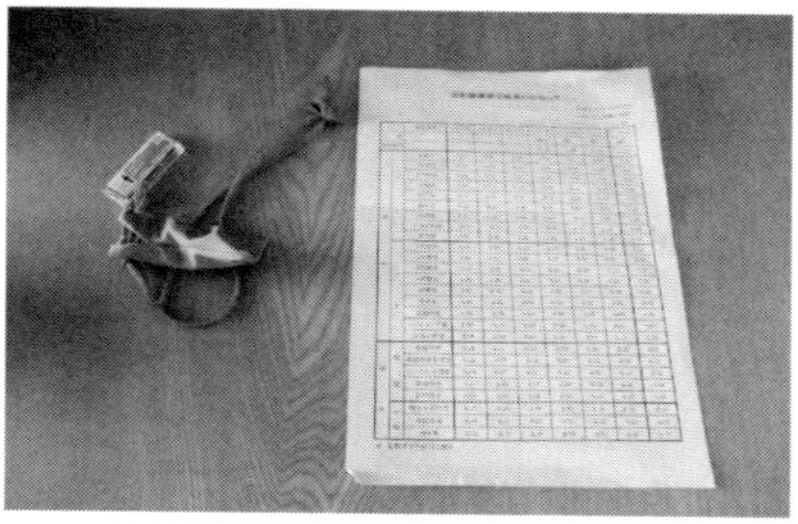

「我々は、原発事故の責任をあっさり回避することは出来ません。原子力の電力利用に初めから反対しなかった人には、すべて間接的責任があります」。彼はその責任を非常に重く感じている。彼はそのことを幾度も幾度も繰り返して口にした。

なぜ誰もなにもしないのだろう。この社会を変革して「新しい日本」を作ろうとしないのだろうか。あのものすごいショックで麻痺状態におかれていた状況から、今誰もが徐々に起き上がろうとしているのだ。「私達の誰もが社会の変革を待っています。しかしそれは起こりません。私達は皆誰かが何かするのを待っています。皆が変革を望んでいますが、でも誰も何もしません」

近藤さんは自分が周りと違っていてもよいと考えている。彼を救うものは聖書しかない。現在の福島は闇でも、希望の光がさすときが必ず来ると信じて、旧約聖書のイザヤ書の第六十章、一～五節「聖地エルサレムへの民衆の巡礼」を読み上げる。

「起きよ、光を放て。あなたを照らす光は昇り／主の栄光はあなたの上に輝く。見よ、闇は地を覆い／暗黒が国々を包んでいる。しかし、あなたの上には主が輝き出で／主の栄光があなたの上に現れる。国々はあなたを照らす光に向かい／王たちは射し出でるその輝きに向かって歩む。目を上げて、見渡すがよい。みな集い、あなたのもとに来る。息子たちは遠くから／娘達たちは抱かれて、進んで来る。

そのとき、あなたは畏れつつも喜びに輝き／おののきつつも心は晴れやかになる。海からの宝があなたに送られ／国々の富はあなたのもとに集まる」（新共同訳聖書）

医者であり、外交官でもあった鈴木良平さん

鈴木良平さんは謙虚な人である。人前で自分のことを話すのを好まない。彼は外交官としての自然に身についた上品さと、優秀な学歴を持つ人である。彼は外務省の外交官としてのキャリアを捨て、田舎の病院の医者として働く決心を、さりげなく手を振ってたいしたことではないと言う。「私は原子力発電所を黙って受け入れ、反対しませんでした。ですから、今ここで起こったことに対して間接的な責任があります」と、私がインタビューした他の人たちと同じように答える。二〇一一年三月十一日、彼はウィーンの日本大使館で、医務官として勤務していた。それ以前は、象牙海岸《コート・ジボワール》、ヴィエンチャン、パリ、ジャカルタ、ベイルート、そしてカブールを転々としてきた。

大震災一年半後に彼は、福島原子力発電所に最も近い、二十三キロの地点にある南相馬

病院に勤めることを決心した。その病院では医者と看護師を至急に必要としていた。原発事故の後、病院職員の多くが職場を去った。特に若い女性は、これから子供を生みたい人も含めて、幼い子供と一緒にそこを去り、再び帰ることはなかった。鈴木先生はこの病院に就職した。ここで彼は人々のために働ける自分の居場所を見つけた。

南相馬はヨーロッパの町や村のように、一つだけの中心地を持つ市ではない。また歩いて廻れるほど小さくはない。それは四百平方キロという非常に広い地域に広がっていて、その大部分が海岸沿いにある。地震と津波で約千八百戸の家屋が破壊され流され、約千七百人が犠牲になった。ここは大震災の前からすでに、離村問題、高齢者問題、また経済的な問題で行き詰まり、二〇〇六年に三つの市町が合併して何とか生き延びてきた市である。原発事故の後、南相馬市は放射線量が高い強制避難地域と、生活可能地域と、将来生活可能地域の三区域に分割された。最近の南相馬は一部を除いて全市の住民の帰還が許されている。市庁舎と病院のある場所は現在全く危険がない。二〇一一年三月十一日の大震災の直後マスコミがこぞって、南相馬は全市が非常に放射線量が高く危険であると報道したため、東京と日本各地からの救援が絶たれ住民は運命の岐路に立たされた。救援物資が途絶え水も食料もオイルも底をついた。その上政府からも東京電力からも、門前の原発の事故状況の情報を一切もらえず、住民はパニックに陥った。二〇一一年三月二十四日、市長の桜井勝延さんはYoutubeという斬新な手段を用いて、世界中の人々に南相馬市からのSOSを発信した。そのビデオの中の彼はクリーム色の作業服で、市役所の市長室から七万人の南相馬市民の救援を呼びかけている。そのYoutubeのメッセージは東京の政府にも届いた。遅かったが救援も来た。そしてタイム誌は、この行動力のある市長を、二〇一一年の「世界の百人の重要人物」の一人に選んだ。

原発事故後に市長が市役所の前に設置させた大きなガイガー線量計はすでに取り払われて、現在は建物の中の電光掲示板に最新の測定値が示されている。それは訪問者たちに、この南相馬の中心部は全く安全であると安心させるためである。この辺りは幾度となく除染されたが、避難した人たちは戻ってこない。南相馬市は高齢化が進み未来への展望がなく、人口は四万六千人に減った。その人口の三分の一が五十歳以上であり、ここでは高齢者に対する医療や介護の充実がより必要とされている。この人々のため鈴木先生は、病院の他の同僚とともに毎日忙しく働いている。

鈴木先生は福島に帰ったとき、彼の生まれ育った故郷の町を訪れた。大熊町の原子炉から四キロの地点である。一九五二年三月一日、彼はここで生まれた。辰年である。彼は私が干支を知っているか試したようだ。子供の頃の思い出はまず第一に、美味しいお米のごはんと、名産の瑞々しい甘い梨である。彼の両親は農業を営んでいたが、経済的な理由から一九七一年には福島を去っている。鈴木先生は同時期に高校を卒業し、横浜の医科大学で勉強した。医務官としての海外勤務以前は、山口県で働いていた。

原発事故から一年半以上たったある日、鈴木先生は子供時代に暮らした町、強制避難区域の無人の町を訪れた。彼はそこに入るための特別許可書をもらった。二〇一二年十二月二十日、友人と一緒に大熊町の中心から四基の原子炉の近くまで行くと、線量計は狂ったように急速に三十マイクロシーベルトを上回った。この訪問を期に、いくら町長や福島県知事が望んでも、住民の帰還は不可能であることを鈴木先生ははっきりと自覚した。「政府と地方当局はこの地帯を封鎖して、破壊された原発全体をコンクリートで覆って、町民には安全な新しい生活の地を用意するべきです。それがチェルノブイリやスリーマイル島の歴史から学ぶべき教訓です」

「命の綱」と溺れる者がすがりつく藁のような「除染」をいくら繰り返しても、この原発の周辺は再び人が住めるようにはならないのだ。鈴木さんは真実を語る。政府はその問

題についてなかなかはっきりした結論をださない。
南相馬に残った人たちを、鈴木さんは肉体的、精神的に支えている。老人、病人、そして孤独な人。彼はその人たちを隔離から解放しようと努力している。彼らに何かやる気を起こさせようと試みる。此処では薬品治療だけでなく、社会的精神的な援助が必要であり、彼はそれに多大な時間を費やしている。「特に高齢で無職で独り者の男性が問題です」。鈴木先生は彼らの状況をよく把握している。彼等は一日中身体を動かさないで、食べてばかりいるから太りすぎになる。不眠に悩み、アルコールを暴飲し、賭け事に夢中になり、憂鬱症で、自殺の危険性もある。二〇一一年三月十一日以降、今も一人でコンテナの仮住

宅に住んでいる男性たちのために、鈴木先生は木工教室を始めた。彼等は同じ状況の仲間と一緒に、様々な家具作りを習い、先生も楽しそうにそれに参加している。鉋をかける鈴木先生。作品に満足する鈴木先生。この木工教室の開設は、この男性たちの多くが農業や漁業といった手を使う仕事に従事していたことに、鈴木先生の同僚の医師たちが気がついたのが発端である。

この家具作りの手仕事は彼らに向いている。創造的で芸術的だがあまり頭を使わなくても済む。毎週日曜日の午前中、専門家の指導で、鈴木先生は彼らと一緒に家具作りを習う。彼らの作品が販売されるのが将来の夢である。それは彼らに新しい生きる力を与えるかもしれない。

松本　橋本さん一家

Kさんが、すべての問題の中心である。原発事故当時十三歳だった橋本家の可愛い娘Kさんは、大きなダメージを受けた。二〇一一年三月十二日、三春から東京へ、そしてその後、大阪へと避難した。「急いで必要なものを荷造りしているとき、原発の最初の爆発のニュースを聞きました」橋本雅子さんは目を伏せて語る。その後、原発から約四十五キロの地点にある学校が、四月六日から平常どおり授業を開始したので、Kさんの希望でいったん三春に戻った。しかし雅子さんは、五月の末から再び福島を出る決心をし、十二月に松本に移転した。橋本さん夫婦は、東京のような大都会よりも、松本のような地方都市の方が、新しい生活を始めるのに少しでも容易かと考えた。松本は三春から約三百キロ離れた日本アルプスの麓の、生活水準が高く暮らしやすい町である。日本の中では中規模の都市で、それでも人口は二十四万人である。町の中心には有名な松本城がそびえ、周囲を三千メートル級の山々に囲まれている。松本市の市長さんは「自主避難者」の事情を理解し援助している。原発事故後の三年間は、長野県と松本市が、避難者三百人の居住費を支払った。この市長さんは医師で、甲状腺の専門医である。彼は五年半の間チェルノブイリで、甲状腺がんの医療支援にあたった。日本政府が学校給食の食品の放射能許容量を五百ベクレルに定めたとき、松本市長は四十ベクレルが妥当だと提案した。この町は、放射能被曝からの長い逃避行を続けた母と娘が、遂に見つけた安住の地であった。鍼灸師であり自然療法の専門家である父親は福島に留まった。遅かれ早かれ、夫が松本に来ることを雅子さんは願っている。しかし今でも彼は三春の治療室で患者さんを診ている。また福島の各地を廻って人々に「どうしたら放射能被曝から自力で身を守り、その抵抗力をつけられるか」という講義もしているし、福島の子どもたちを県外へ送り出す保養旅行の企画にも携わっている。私が橋本さん一家を訪ねたとき、丁度彼は、子ども達を日本海の佐渡島へ引率して、松本に戻ってきたところであった。彼の仕事は大切だが、身体に無理がかかる。遅い時間に佐渡から帰った彼は、非常に疲れて見えた。雅子さんも自分が非常に疲れていることを知っている。「私と夫は原発事故の後、すっかり年をとりました」

両親は娘のことが心配で心配でたまらない。「娘は暴力的になって、コンピューターや

テレビを壊したり、学校の成績も目に見えて低下しました。そのうえ反抗的ですぐけんかをするようになりました」と、悲しそうに話した翌日、雅子さんは、「Kが中学校を無事に卒業して、高校進学が出来ることになりました」と手放しで喜んでいた。

雅子さん

橋本雅子さんは、松本駅まで迎えにきてホテルに案内してくれた。私達はドイツ語で手紙の交換をし、会話もドイツ語でする。雅子さんは一九五七年に東京で生まれ、ドイツ文学を学び、八〇年代に二年間、黒い森地方のフライブルグで暮らした。「あの頃は、本当に素晴らしい毎日でした」。二〇一一年三月まで彼女は、通訳ガイドと翻訳の仕事をして

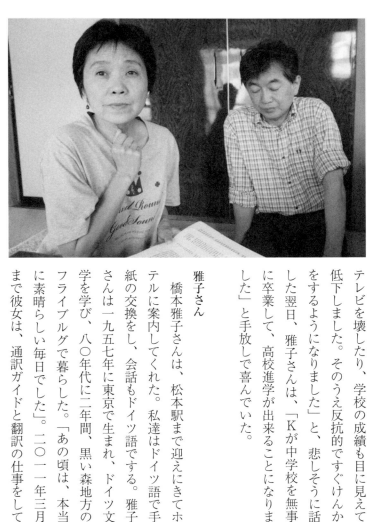

いた。現在でも時々翻訳と通訳の仕事をしているが、旅行者グループを案内して日本中をまわるガイドの仕事は、Kさんを長く一人にしておきたくないので止めた。以前は年に数週間も、彼女が旅行者グループを案内して家を留守にしたときは、Kさんは父親か友人のもとで過ごした。「この松本には、長い期間安心して娘を預かってもらえる親しい友人が、まだありません」

原発事故以来、お寺や日本庭園を鑑賞するドイツ語圏からの旅行者は、非常に少なくなった。それに雅子さん自身も、汚染水を垂れ流しにしている福島原発の現状の中で、海外からの旅行者を快く、安心して案内することが出来ないという。

雅子さんは、ホテルの部屋にある唯一の椅子に腰をかけ、私はベッドに坐って話を聞いた。原発事故の発生時から、橋本さん家族に何が起こったかを。二〇一一年三月十一日に何を経験し、どのように避難したかを。一言一言ゆっくりと言葉を探しながら雅子さんは、低い声で話し始めた。

「私は東京で生まれ育ちました。夫とは東京で知り合って、一九九四年に一緒に福島に来ました。彼は自分の故郷に帰りたかったのです。三春に落ち着くまでは、福島のあちこちの土地で暮らしました。夫の治療室がある三春の家は、数年前に建てたばかりでした。

そこで皆一緒に暮らしたのは、二年足らずでした。それはとても住み心地の良い伝統工法による美しい木造りの家です。熟練の大工さんと相談してプランを練り、出来るだけ自然の材質を使いました。まだ二十年間もローンの返済をしなくてはなりません。以前私達は飯舘村に住んでいたことがあります。貴女は飯舘村のことをご存知ですか。私はあの村の悲惨な状況を、村民である友人や知り合いから直接聞いて良く知っています。飯舘村は本当に美しい所でした。でも今は人が住めなくなりました。三春も同じように牧歌的で、しかも生活水準が高いため、私達はそこに定住することにしたのです。日本の中でも福島県は、特に美しい自然環境に恵まれた実り多き土地でした。しかし今はすべてが失われました」。彼女は悲しそうなまなざしをした。

「三春の生活について話して下さい」「三春は、三つの春と書きます。梅と桃と桜が一緒に咲くからと聞きました。人口は約二万人、三春で一番有名なのは、樹齢千年の桜です。町内の多くの人がそうしているように、家でも庭に野菜を作っていました。野菜と果物はスーパーで買う必要がありませんでした。でも三春は、福島原発から四十五

キロしか離れていません。それで私達は、地震と津波の翌日には三春から避難しました。すぐさま福島を去るべきだという意見の友人達が支えてくれました。佐藤幸子さんもその一人です。三月十二日の夜、私達がすでに車に乗って出発しようとしているとき、幸子さんから電話をもらいました。彼女は、私達が避難する事に決めたかどうか心配していたのです。もう一人の友人の武藤類子さんも、私たちに避難を勧めてくれました。彼女は長い年月、反原発運動をしてきました。原発事故の政治的責任の所在を追及して、東京電力と政府官僚の責任者のうち三十三人を起訴したグループの代表になった人です」

「なぜもう一度、三春へ戻ったのですか?」私の質問に、彼女は深くうなずいて「はい。それは、Kの学校から、通常どおり四月から授業を再開する、という電話があったからです。その時私達は避難先の大阪にいました。何事もなかったかのように、学校が再開されるという知らせは、私にとって大きなショックでした。三月末から四月の上旬にかけて、学校の校庭がどれほど放射能汚染されているのか、まったく調査されていませんでした。私は帰りたくありませんでしたが、Kが泣き叫んで暴れました。それはもう酷くて手が付けられませんでした。彼女は友達に会いたかったのです」

「そうして私達は三春に戻りました。授業が再開して二週間後に、文部省から正式な報告がありました――幼稚園、保育園と学校の庭は、放射線量が毎時三・八マイクロシーベルトまでなら、この値で幼児にも健康障碍はない――というものでした。福島市内には、もっとずっと放射線量が高い学校がいくつもあります。『子供達は通学してよろしい、しかし校庭で授業をしたり遊んだりしてはいけない』というのです。私にはそれはどうしても納得できません。でも保護者の中に、私と同じ意見の人がいるかどうか、見いだすのは困難でした。私は自分で、学校の周りの放射線量を測りたいと思いました。でもそれは教育委員会から禁止されました。それをすると、他の子供達に無用な不安を与えることになるという理由からでした。最も辛いことは、一体何を食べたり飲んだりしたら良いのか全く分からないことでした。私は息をすることにまで気を使うようになりました。私の日常は不安と心配の明け暮れでした」

雅子さんはホテルの部屋の椅子の上にかがみこんだ。彼女はソックスをぬいで足をもみ始めた。

「私は金縛りにあったような気持ちでした。この状況のすべてが苦痛でした。そんな時ひとつ幸運なことは、夫が鍼灸師であることでした。彼は以前重い病気でしたが、自然療法で回復した経験があり、非常に神経が敏感です。多くの父親は、何故それほど母親が子供のことを心配するのか理解できません。それで家族の中に争いが起こります。ただでさえひどい状況なのに、家族間の問題が重なり、より辛くなります。私の家族では幸いにもそういうことは起こりませんでした。夫は自分自身が神経過敏であるため、私の気持ちをよく理解してくれました。私達は二人で一緒に、福島から避難した方がよいと、娘に言い聞かせました。多くの人々は、もし状況がそんなに悪ければ、政府から何か知らせがあるはずだと思っていました。私は友人のお母さんたちに、福島から出た方がよいと話をしましたが、誰一人として説得することは出来ませんでした。二〇一一年五月末、スーパーの野菜売り場で買い物をしていた時、私を決断させることがありました。大根の産地が『福島県または千葉県』と表示されていて、どれが福島でどれが千葉のものかわからないのです。そのうえ千葉県も全く汚染がないとはいえません。その状況にもう気が狂いそうでした。私はその場に立ち尽くし、もう買える大根は無いんだと思いました。急いで家に帰り、すぐ避難しようとKに言いました」

「Kにそれを理解しろというのは酷でした。両親の言葉と公にされる情報が異なっている中で、彼女は一体なにを信じればよかったのでしょうか。それにKは問い続けていました。もし自分が友達を残して去ったら、その友達はどうなるのかと。その質問に対して私は答えることが出来ませんでした。できることなら、私はKの友達と子供達みんなを連れて行きたかったです。そうであれば、Kにとっても避難することはいくらか容易でもあったでしょう。しかし、そんなことは不可能でした。Kはその時のことをずっと悩み続けていて、今でも時々爆発するのです。彼女にとって耐え難いことは、元の学校でも自分がよそ者になっていることです。これまでに二度、学校の休みを利用して三春へ帰ったとき、Kは自分が、もうその土地の者ではないと分かったのです。また松本でも同じように、あと何ヶ月ここにいるのかわからない避難者の立場でいます。ある時、学校で友だちに『ここにいるのがいやなら、帰ればいい』と言われたそうです。この言葉に彼女は深く傷つき、数日間は登校しませんでした」

雅子さんは東京であった政府交渉の場での、Kさんの非常に勇気ある行動について話そうとした。しかし彼女は、あの時Kさんが受けた酷い仕打ちを思い出し、大きな悲しみに襲われてそれを話すことが出来なかった。彼女は泣いた。その嘆きは無力感と救いのなさと憤りに満ちていた。

この会話の後、私達は再会の約束をした。翌日、私は橋本家へ招待され、彼女の料理を見学し、ご家族と一緒に夕食をごちそうになることになった。橋本さん一家が借りている家は閑静な住宅街にあり、その小さな庭には、ラブラトル・レトリーバーの雑種犬がいた。

Kさん

ようやくなんとか三十分弱の時間だが、Kさんと二人だけで話すことができた。このか細い少女が、コンピューターやテレビを破壊したなどとは、到底考えられない。それどころか食事の後、彼女は私の頼みを聞いて、居間にあるピアノをちょっと弾いてくれた。Kはピアノを弾くのが好きだと、雅子さんは私に告げた「Kには芸術的才能があるようです。詩も上手に書きます」

東京霞ヶ関の役所へ陳情にいった時のことについて尋ねてみる「とても勇気のいる行動ね」。Kさんはその質問に全く興味を示さず、新しい携帯で遊んでいる。それは中学校の卒業祝に雅子さんから貰ったものである。しかしマイクを差し出す訪問者への興味も、全くないわけではなさそうだ。Youtubeで彼女が数人の福島の子供たちと一緒に、職員達に質問をしている場面を見た。彼等は原発事故の数ヶ月後「子どもたちを放射能から守る福島ネットワーク」の代表として上京した。その前にKさんが政府宛てに書いたメールは、ナシのつぶてのまま放置されている。

揃いの白い半そでのワイシャツで、首から名札をぶら下げた職員たちが会議室に一列に机を並べて坐っている。向かい側には子供達——黒い髪をショートカットにして、白いTシャツの上に格子柄のブラウスを着たKさん。彼等は質問を祈りを捧げるかのように読み上げる「どうしてたくさんの原子力発電所を作ったのですか？　なぜ福島の子供達全員を避難させないのですか？　私は健康な子供を出産できますか？　私はいつまで生きられますか？　何故すぐに除染を始めなかったのですか？」「子供達の正しい避難についての僕がした質問に、なぜ答えてくれないのですか？」勇敢な男の子が最後に言った。職員たちは退屈そうにお互いに顔を見合わせたり、ある者はいらいらして指で机を叩いている。彼等は正しい答えが分からず、適当なことを言うだけであった。

Kさんはこの陳情で、福島に残された友達のために何かしてあげたかったのだ。しかしこの職員たちは彼女の期待を裏切った。「この人たちに期待しても何も解決しないのです。でも娘はとても期待していました。この人達が、福島で子供達がどんなに辛い思いをしているかを知れば、何かが起こるはずだと。でも何も変わりませんでした」雅子さんはそう言った。

Kさんは、あの担当局員たちにはとてもがっかりした、といって、手元の携帯電話から眼を上げた。「私達が一所懸命に質問しているのに、あの人たちは誰も真面目に答えなかった」。彼女は一週間かけてその質問の準備をしたのだ。その日も朝五時に起きて、六時間もバスに乗って東京まで行ったのだ。それなのに、なんともひどい対応だった。「あなたは怒ったの」と訊ねると、Kさんは頭を振り、私を見つめた。泣いているのか。一人の時はいつも泣いているの、と彼女は言った。あの時から、ずっと。「なぜ日本は原発を全部永久に止めてしまわないの？」と彼女に聞かれても、私には返す言葉が見つからなかった。

柱時計が五時を打った。私達は沈黙した。彼女は携帯でメールの返事を書いている。しばらくして彼女がポツリと言った「私は三春に帰りたい」。私は何と答えたら良いか分からなくて「松本もきれいな町でしょう」と馬鹿な返事をした。すると彼女はすこしゆずってこう言った。「うん、ここはきれい。私も松本が好きだけど、生まれ育った町はまたちょっと違うんだな」

「私たちにはローンの返済が残っているので、三春の家を売りたいのです」雅子さんはその間の事情を話してくれる「月々のローン返済は負担になっています。でもKは、三春の家を売らないで欲しいと思っているのです」

「松本の学校では、福島で起きたことをだれも話さない」と、ついにKさんが怒ったように言う。誰も彼も先生まで、ちょっとでも福島のことに触れるのを避けているようだ。Kさんが福島から避難してきたことを誰も話題にしない。「どうしてそうなの?」と聞くと、彼女はちょっと肩をすぼめて「多分私を傷つけたくないんだと思う」。しばらくたってから、彼女はおもしろい質問をした「将来私がなりたいもの知ってる?」私はじっと彼女を見つめた。「私は人のことを聞いてあげる仕事をしたい。サイコセラピストみたいな」

雅子さんは、Kさんが会ったセラピストのことを話してくれた。Kさんはそこに一度だけ、二時間のセラピーを受けに行った。彼女は、それは助けられたし興味深かったけれど、もう行きたくないと言った。そこで、雅子さんがKさんのかわりにセラピーを受けたこともあった。心の悩みを打ち明けて話すのは、彼女にとってても良いことだった。「私はセラピーに行って、娘の事を話しています」

あなた自身の精神状態はどうなのかと尋ねると「自分のことはあまり心配していません。もちろん考えれば、自分が深く傷ついていることが分かります。失った痛みです。でもそれは誰もが同じ状況ですから、何とか耐えて頑張るしかありません」

台所に行って、雅子さんのカレーの作り方を見学する。長野の米、北海道のたまねぎ、トマトとほうれん草とズッキーニとニンジンは近隣のもの、それと今日はお客さんだから、特別に輸入品のえびと白身の魚。普段は魚を使わない。三春にいるときは、隣近所で新鮮な野菜を交換し合っていた。以前彼女は穀物菜食料理を勉強し、料理教室を開いていたことがある。穀物菜食の料理は、彼女の夫の仕事とよくマッチする。「なんとなく身体の調子のすぐれない人は、ある一定期間、肉と卵と乳製品をひかえると良いのです。すべての動物性食品を食べないことです」。彼女は夫と共同で、穀物菜食と自然療法セルフケアの本を書いた。そのハンドブックは二〇一一年三月十日に出版され売れ行きが良い。しかし橋本家ではずっと以前、Kさんが小学校に入学したとき、皆と一緒に給食が食べられるように菜食を止めた。いま菜食料理をおいしく作るのはとても難しいと雅子さんは言う。なぜなら、その基本的食品がキノコだからだ。橋本家の食卓に、そんな料理が並ぶことはもうないだろう。

カレーはとても美味しかった。食事中に、夫の俊彦さんが電話で、松本に何時に電車が着くかを知らせてきた。雅子さんは彼を駅まで迎えにいく。彼は佐渡から船で新潟に渡り、電車で松本までという長い旅をしてきた。彼は月に二度、Kさんと雅子さんの暮らすこの家に来る。「このような生活は、彼も長くは続けられないと思います。健康でない人ばかりに接する仕事は、エネルギーの補充ができないのでとても疲れます。彼はずっと緊張状態が続いていていてストレス過剰なのです」

待っていたお父さんがやっと帰ってきた。八時半。彼が台所で夕飯の残り物を食べおわると、雅子さんが居間でお茶を入れてくれた。

俊彦さん

心身とも疲れきっている。今彼は、家族水入らずで静かに過ごしたいはずだ。しかし彼は、礼儀正しく親切な人で、私のすべての質問に対して、ゆっくりと考えながら慎重に答えてくれる。松本に来ると、とても気分が良いと言う。「福島はストレスだらけです。一人で暮らすことも、一人で食べることも。そして年がら年中放射能につきまとわれている重さです。松本から帰るときそれをいつも感じます」。周りで聞いている私たちも、彼のストレスの重さを分け合っている。彼が行く先々には、病気や苦しみを背負った人々が彼の援助を求めている。また、自分は放射能に汚染したか、まだ健康かを心配して、彼に聞きに来る人もある。そして将来どうなるかを。その質問に対して、彼は答えを知らない。多くの患者が、アレルギーや様々な感染症に悩まされている。彼はこの種の感染症の人たちが、福島県では増加していると見ている。それは免疫力の低下によるものである。のべ三千の人々が、原発事故後の二年間に、彼の講演や講座を聞きに来た。人々は将来が不安で、答えを求めているのである。

日本の伝統的な自然療法についての講演で、彼は人々にどうしたら免疫力を高めることが出来るかを伝えている。「簡単に言えば、内臓を温めること、そして正しい食物を摂ることで身体全体を温めることです。この哲学は一部マクロビオティック（穀物菜食）と共通しています」。マクロビオティックは俊彦さんにとって大切なテーマである。以前一時期、俊彦さんは彼の患者さんに穀物菜食を勧めて、それについて長時間をかけて詳しく説明をしてあげたこともある。この食事療法は誰にでも効果があるとは限らない。穀物菜食を理解しない人、またそれに向かない人もいる。その人たちに対して彼は、出来るだけ動物性の食品を取らないようにすることと、野菜とご飯を食べるように勧めている。「なぜ人間が動物の肉を食べないほうが良いかは、歯を見ればすぐにわかります。肉食の犬や狼の長い犬歯と比べて、人間の歯は全く違います。私達には多くの平べったい臼歯があります。それは私達の主食が穀物と野菜であることを証明しています。できるだけ新鮮な、その地元で作られた物を丸ごと食べることが大切です」

　この食養哲学は現在の福島ではもはや通用しない。汚染の心配から野菜も魚も遠方で取れた物を食べている人が多い。「バランスを保つのがとても難しくなりました」彼自身も困難を感じている。

　インタビューの間、彼が時々雅子さんの方に目をやって、同意を求めているのに気がついた。雅子さんは私達の後ろに坐っている。とても言いにくかったが、私たちを二人だけにして欲しいと頼んだ。彼が妻に気を使って言いたいことも言えないのでは困る、と思ったからだ。

俊彦さんは、彼の仕事を生活の中心に置きたかったので、三春の自宅の一角に治療室を作り、そこで彼は治療家として、鍼灸やオステオパシー、自然療法により、患者さんの治療にあたってきた。三春は彼の故郷で、一九五六年にそこで生まれ、一時東京に出たが、妻とともにまたそこに戻った。一時期彼は、友人たちと一緒に三春で米や野菜、穀物を作った。それは非常に楽しかった。長年彼は農業と自然療法を結びつけることを考えてきた。その候補地として、今は無人の地となった飯舘村を考えていた。そのプロジェクトは実行されなかったが、今にして思えば、それでよかったのかもしれない。

福島原子力発電所から彼の住処まではいかに近距離であるか、そしてどんな危険があるかを彼は良く知っていた。自分の考えを持つようになってからすぐ反原発運動に参加した。「爆発が起こった時の訓練が全くされていませんでした。原発反対運動の中で、事故対処の訓練をすること、その時私達は一体何処へ、どのようにして逃げればいいのか、戸外の放射能が入り込むのを防ぐには、どうしたら一番効果的に窓をガムテープで塞ぐことができるのか、そういったことを考えることを提案してきました。私自身も、車には常時レインコートと長靴と接着テープを用意していました」

「考えられますか、三春には現在、ＩＡＥＡ（国際原子力機構）のオフィスが建設されています。多くの人々はそれについて何も理解していないし、何も知らされていないのです。

原発事故の後、福島県知事は明らかに原発に対して反対の声明を出したのです。それなのにどうして、IAEAのオフィスを次々とオープンさせるのですか？」俊彦さんは怒りに震えて言った。地方自治体の長が原発に反対し、それを止めるということが、そもそも出来ない話だったのだ。「最後には、原発で利益をむさぼる資本家がやりたいようにやるのです」。彼等は日本だけでなく、ほかの国でもその商売をする。ベトナムのNGOの友人が彼に告げた。福島の原発事故のすぐ後で、日本政府はベトナムと、原子力発電所の技術の輸出の調印をしていたのだ。「福島ではもめていますが、ベトナムは原子力発電所を設置します。日本の企業は輸出します」。それは、ベトナムだけでなくアジア全体で行なわれている。これは公然の秘密である。

彼はまぶたを閉じて黙想する。私達の間に静寂のときが流れる。私は彼をそっとしておく。しばらくすると彼は進行中のプランについてしっかりした口調で語り始める。

福島の全県をまわる彼の支援活動には大きな目的がある。彼はごく少量の放射能がいかに人間の健康に害を与えるかを探り出したい。微量の放射能を長期にわたり浴び続けることが、どのような病気をひき起こすことになるのか。そのことを調べ公にすることができれば、少量の放射能は人間の健康に害を与えないとする見解を一網打尽に出来るのだ。これを達成できるのは現地での聞き取りしかないと彼は知っている。福島に入り自分の目で見てそこの人々と直接話さなければ、福島の実情はわからない。「危険なのは甲状腺癌だけではないのです。私は人々と直接話してどんな医療支援が本当に必要か訊ねます」。松本市長がその活動に興味を示している。彼は医者であり、チェルノブイリでの医療支援の経験を、福島の状況に役立てたいと思っている。

環境保護運動家のアイリーン・美緒子・スミスさんと同じように、俊彦さんも、福島の状況はそれが非常に長引いていること、また政府の被害者に対する対応の仕方から、一九五〇年代の水俣に起きた水銀中毒事件に類似していることに気がついた。そこで彼も水俣に行って現地の人に話を聞いた。彼等は健康障碍についてと、事件五十年後の法廷裁判について彼に語った。生存している被害者は、いまでも賠償金の支払いをめぐって闘争している。俊彦さんは「福島のケース」も、それとあまり違わないだろうと考える。それだからこそ、現地での活動を止めるわけにはいかない。「私には福島を置き去りにすることは出来ません。それが私の人生のすべての力を費やすことになっても。一つ確信していることは、私が家族と一緒に福島で暮らすことは、もう決してないでしょう」

京都　新しい生活を始めた西山祐子さん

西山祐子さんの意向により、日本語の訳文は掲載できません。

京都

環境保護活動家　アイリーン・美緒子・スミスさん

アイリーン・美緒子・スミスさんには、空いてる時間がない。原子炉再稼動の反対運動、原子炉運転中止を求めての民間訴訟、原発反対運動のオルガナイズ、そして公的な場所での講演などで毎日非常に忙しい。インタビューの時間をとるのがそう簡単ではない。しかしなんとか小さい隙間を見つけてくれた。最初の約束はイースターの日曜日の晩（イースターの予定は、アメリカのおばさんと長い電話をして、一緒に歌うことだけ、とアイリーンさんは言った）で、二回目は平日の朝の八時である。この二度のインタビューで彼女は会話に熱中しすぎて、時間がないことを忘れてしまうほどであった。

彼女が一九八〇年から生活と仕事をしている京都で、私達は初めて会った。NGOグリーン・アクション（Green Action――Working for a Nuclear Free Japan）のオフィスは、赤いレンガの壁のアパートの一階にあり、そこは本やファイルや書類でいっぱいであった。外は太陽の陽射しで暖かいが、部屋にはまだ冬の寒さが漂っている。大きな部屋の窓は中庭に面している。このオフィスにアイリーンさん以外の人影がないのは、祝日だからではない。アイリーンさんは、グリーン・アクションの創立者であり、指導者であると同時に、彼女自身がグリーン・アクションなのである。「NGOは一・八人の職員を雇用していますが、そのうちの一人は私で、残りは〇・八人です」と笑いながら彼女は言う。六十代前半の華奢な女性だが、その発散するエネルギーは彼女をずっと若く見せる。彼女にはすでに孫がいる。

アイリーン・M・スミスさんと個人的に知り合うのは、長い年月日本を対象とする仕事で、彼女の名前を常に意識してきた私にとって嬉しく光栄なことである。私達はすぐお互いを理解し合い、短時間でまるで長年の友人であるかのように話し合えた。最初のインタビューが終わったとき、私は彼女に打ち明けた。中立の立場で客観的でなければならないジャーナリストでレポーターの私と、日本の原子力からの離脱を心から願うもう一人の私が、インタビューの間ずっと心の中でせめぎあっていたことを。二度目のインタビューの終わりに、アイリーンさんは私に、次回の日本滞在の時は彼女の家に宿泊するよう勧めてくれた。

書類が山積みにされ、ラップトップが真ん中に置かれているオフィスのキッチンのテーブルに坐り、彼女は話して話して話しまくる。コーヒーと紅茶を入れて、そのブーンと言う雑音が録音を邪魔しないように冷蔵庫のスイッチを切ってくれた。そしてまたスイッチを入れるのを忘れないように、彼女は私が玄関に脱いだ片方の靴の先を、反対側に向けておいた。それは後で本当に冷蔵庫のことを思い出させてくれて、私達を大笑いさせた。この国の不幸な状況の中でも、いつも何か笑いの種がある。

今年二〇一三年の春、いま彼女は大阪地裁からの情報を告げる電話を待っている。それは日本海に面した福井県にある大飯原発の再稼動に反対する、運転停止の仮処分請求についての解答である。彼女は二百六十一人の住民たちと一緒に反対意見を纏めて提訴した。二〇一二年の五月に日本中の原子炉がすべて停止したが、大飯はその再稼動に踏み切ろうとした最初の原発である。大飯原発も他の数多くの原発のように地震が起き易い地形の上に設置されている。私達が出会った時点ではまだ回答がなく、どうなるか分からなかった。その後、住民たちの安全を求めての要求は裁判で却下された。二〇一三年四月中旬、大阪地裁は、大飯原発は「プリマ・ファシー(一見明白)」で安全であると判決を下した。アイリーンさんは愕然とした。福島のカタストロフのあとで、また事故を起こすまでは一見大飯は安全だというのは、まったくのニヒリズムだ。

グリーン・アクションは今回も裁判の勝訴が得られず、この一ヶ所の原発も止めることができなかったが、彼女はそういった敗北にはくじけない。かえって反対にやる気が漲ってくる。他より楽天的に把握しているこの国の雰囲気も、彼女を元気づけている一因のようだ――二〇一一年三月の原子炉カタストロフ以後、一般大衆社会は強くなった――通りで誰かと原子力について話したことも、彼女にとっては運動の「前進」を意味する。そういうことは数年前には全くなかったとアイリーンさんは言う。「普通の人たちは政治について全く話しませんでした。特に公の場所では皆無でした」。しかし人々は今ゆっくりと、眠りから目覚め始めていると彼女は思う。グリーン・アクションのようなNGOの存在については、今でもよく知られていないが、それも変わるはずだ。アイリーンさんが人生にきわめてポジティブな志向を持っていることが、会ってすぐ分かった。彼女は敗北に対して苦情も言わず訴えもしない。彼女は前と同じように活動を続け、目を見開いて社会を前進し、どこか少しでも改良された部分を見つけて喜ぶ。「福島」は日本の大衆の政治的関心を高めたと確信する。長い年月このグリーン・アクションの仕事をしてきたが、福島原発事故の後、初めてこの活動が注目されたのだ。「人々は自分の思ったことを話すようになりました。意見も言うようになりました。そしていま多くの人が、市民活動をすることが大切だという見解を持っています」

市民活動。そこではアイリーンさん自身が先頭に立っている。日本の大きな環境汚染問題と取り組んだ人は、誰でもアイリーンさんを知っている。日本が母国で、彼女はここで生まれ育った。日本と西洋の二つの世界に根ざし、その見識から文化と言語の貴重な仲介者である。言葉の障碍が西洋における日本の認識を退化させ、陳腐でワンパタ

ーンで誤解があるとアイリーンは指摘する。現在の日本の原子力からの離脱への闘争は、外国からの支援がもっと必要である。彼女はそれについて出来る限りのことをしている。グリーン・アクションのホームページは当然二ヶ国語で掲載しているし、たくさんのドキュメントを英語に翻訳して、アメリカとヨーロッパの広報協力者達と環境保護団体にむけて、出来るだけ多くの情報を流すようにしている。しかしこの翻訳を一人でするのには限界がある。「英語と日本語が出来て、翻訳を助けてくれる協力者が必要です。でも第一に、日本でそういう人を見つけるのはとても難しい、第二に、私にはお金が払えません」。グリーン・アクションは寄付で賄われているのだ。

アイリーン・美緒子・スミスさんは、アメリカ駐留軍の兵士を父に、そして日本女性を母に持つ。一九五二年サンフランシスコで平和条約が結ばれ、駐留軍が撤退した二年前に東京で生まれた。十一歳までは東京で暮らし、両親が離婚した後は数年間、アメリカのミッドウェストの祖父母のもとで暮らした。彼女は二年間スタンフォード大学で勉強してから、一九七一年の八月にニューヨークへ移住した。後日コロンビア大学で、彼女の水俣について書いた本が学士論文として承認され、それを基盤に勉強を続け、School of Public Healthで環境学の修士を取得した。「私は学術的なドキュメントが理解できるように、産業のために都合良く書かれた、専門的書類の虚実が読み取れるようになるため、勉強したのです」

ニューヨークで彼女は、三十歳以上年上のライフ・カメラマンで、後日彼女の最初の夫になるW・ユージン・スミスと出会う。一九七一年八月、彼と共に三年間、九州の水俣で環境汚染の問題に取り組むため、日本へ帰国する。当時アイリーンさんも写真を撮り始めて、彼等は仲間のように共同作業をした。ユージンは偉大な指導者であり、彼から多くのことを学んだと彼女は回想する。

その一枚の写真が彼女とユージンを強く結びつけた。「ミナマタ Tomoko Uemura in Her Bath」一人の若い女性が、落ち込んだ胸と不ぞろいの曲がった手足をもった女の子を胸に抱いている、モノクロ写真である。母の優しい眼差しがその娘にそそがれている。この写真は水俣スキャンダルの象徴となった。それは一九七一年にユージンによって撮影され、一九七八年彼の死後、アイリーンさんが版権を維持し続けている。化学工業会社である「チッソ」は、一九五〇年代に工場排水を水俣湾に大量に排出した。汚染された海草や魚を主食としていた付近の住民は、食物連鎖によってメチル水銀を体内に取り込み、慢性の水銀中毒性と中枢神経疾患を病んだ。今日、被害者は十万人にもおよぶと言われている。この病気は後に「水俣病」として世界に知られた。「チッソ」は被害者が起こした裁判に敗訴し、ようやくその水銀中毒の責任を認めた。

ユージン・スミスとアイリーンさんの写真レポートは、その事件の認識と解決に大きな役割を果たした。一九七五年二人の写真集 *Minamata: The Story of the Poisoning of a City and of the People Who Chose to Carry the Burden of Courage* が刊行された。そこに掲載されている写真の四分の一がアイリーンさんの作品であり、文章も半分彼女が書いている。

あの有名な写真「ミナマタ Tomoko Uemura in Her Bath」には長いエピソードがある。ユージンを初めとして、アイリーンさんも智子さんの両親も、水俣の環境スキャンダルに世の中を注目させたいという目的で、意識的にこのショッキングで感動的な写真を公開した。智子さんは母の胎内ですでに病に犯された。母は智子さんを妊娠中に、メチル水銀に汚染されたとは知らず、魚を食べた。その毒は母の胎盤から胎児に入り込んだ。智子さんは水銀におかされ、母はそれを免れた。智子さんの六人の妹達は、誰も重い病気にならなかった。「ミナマタ Tomoko Uemura in Her Bath」の撮影は、アイリーンさんにとっては忘れられない出来事である。「この写真は一九七一年の十二月、ある寒い日の午後に撮影されたのです。私達は四人で小さいお風呂場にいました。この写真は、見る人がそこに力を投じることで、初めて完成するのです。事実この写真は生きていて、この数十年の間、常に新しい見方と創造を生み出しました。これからもそれは続くでしょう」。一九七七年に智子さんは二十一歳で死亡した。いつの日か彼女の両親は、その写真を公開することをためらうようになった。アイリーンさんは、この写真をこれ以上世に出さないことを決めた。智子さんを静かに眠らせてあげなくてはいけない時がきたのだ。「彼女は世界の人々に、もうこれ以上、汚染された身体のすべての部分を見せなくてもいい」アイリーンさんはそう納得した。そうする方が、智子さんの人間の尊厳を保ち、智子さんの親の希望を尊重できる。「この写真が智子ちゃんを尊重しないのでは、この写真は無意味になってしまいます。智子ちゃんとご家族の意思に反して発表され続けてしまうのなら、冒瀆になってしまうのです」と、アイリーンさんはサイトに書いた。

そうすることは、この写真の作者で彼女の夫であったユージンの意思も尊重することになると思う。しかしこの有名な写真が世界から消えてしまうわけではない。それは以前と同じように、数多の刊行物や博物館やコレクションの中に存在する。法律的には、誰もその写真を展示することを拒否出来ないからだ。

アイリーンさんとユージンの小話《アネクドート》は、インターネットのブログ「Jazz Loft Project Blog」で紹介されている。それは水俣に関する写真展に併せて二〇一〇年に書かれたものである。アイリーンさんは誰かに、彼らのストーリーを話したようだ。彼女が二十歳で初めてユージンに会ったとき、彼のニューヨークのアパートには、汚れたシーツが五十枚ぐらい戸棚の中に押し込んであった。シーツが汚れると、彼は洗濯をせずに新しいのを買った。三年間水俣で一緒に暮らしたときの生活費は、その七十パーセントがスコッチとフィルム、現像液とか印画紙に使われ、残りが食費と衣服、交通費とその他の生活必需品に当てられた。「彼と知り合った時、私がせめて三十歳になっていたか、違う家族背景を持っていたなら、いいえ結構です、と断って一緒にならなかったと思います」そうアイリーンさんが語ったとブログに書かれている。「あれは本当ですか」と、一週間後にメールで訪ねると、彼女はまた忙しいらしく、「今読む時間がないけど多分正しいでしょう」と答えた。四年半一緒に暮らしたあと、アイリーンさんは彼の元を去った。二番目の夫との間に、二十九歳の娘と、四十三歳の義理の息子がいる。

アイリーンさんは水俣病以来の環境保護活動家である。いまでもその事件にかかわっている。子供のときから慢性の水銀中毒になって、現在でもまだ被害者としての認知とその賠償問題で争っている人たちを、誰よりもその事件の真相を知っている人間として援助している。

福島の原子炉カタストロフの被災者のための救援活動と、日本の原子力からの離脱を求める運動は、一連の継続した彼女のライフワークである。一九七九年に起こったペンシル

ベニアのスリーマイル島のメルトダウン事故のとき、彼女はアメリカへ渡った。一年間スリーマイル島に暮らし、原発の付近に住む人々にインタビューし、反原発運動家になった。このスリーマイル島の経験は、一九八一年から始めた日本の原子力との戦いの基盤となった。アメリカから帰った当時、彼女は、反原発運動グループの招待で、日本各地でスリーマイル島の事故について講演した。その後一九九一年にNGOグリーン・アクションを設立した。グリーン・アクションの最初の攻撃目標は、日本海に面した福井県の敦賀にある、日本原子力研究開発機構の高速増殖炉「もんじゅ」であった。もんじゅは、冷却材として液体ナトリウムを、燃料としてプルトニウムとウラン238の混合酸化物（Mox）

を使用している。十年間の構築期間をかけて、一九九四年の秋に稼働した。しかしそれは短期間の運転であった。もんじゅの事故の公表の仕方を、日本の他のすべての原発が良い見本にしているようだ。この事故の情報を、アイリーンさんとグリーン・アクションは海外に伝えた。一九九六年六月から、もんじゅはフル回転し、使用するよりも多量のプルトニウムを生産すると発表されていた。しかしその前年の十二月、試運転中に大事故が起きた。二次冷却系で、温度計の破損によって出来た穴から、液体ナトリウムが約六四〇キログラム（推定）も漏洩し火災となった。原子炉の内部は六百度の目盛りを振切って、実際何度になっているか判らなくなった。金属が溶解した。事故の約一ヵ月後、一九九六年一月、動燃（動力炉・核燃料開発事業団）の総務部次長が遺体で発見された。その事故以来、もんじゅを再稼動させる試みが幾度もなされたが、それと平行して様々な問題が起こり、計り知れない資金を投じた。にもかかわらず、もんじゅはいまだに停止したままである。

二〇一一年三月から、アイリーンさんは「福島」について調査している。

そしてそこに彼女は、水俣の水銀中毒事件との多くの共通点を見出した。それは環境問題に関心があり、日本の政治に対して長期的記憶を持つ多くの人々も同じである。今の政府の被災者に対する対応が、あの当時と同じであることを、アイリーンさんは指摘する。「まるで環境スキャンダルのもみ消しと、被害者への賠償金をなるべく払わないで済むようにするための、政府の役人の手引書があるみたいです。水俣水銀中毒事件の被災者に対する政府の対応が、福島原発事故のそれとよく似ているのを思い出します」。彼女はその類似点を列挙する「被災者たちを疲れさせ、動揺させ、仲間割れをさせ、何が安全で何が危険かを、うやむやにする」。水俣では、あるとき突然こんな問いがなされた。本当に水銀が病気の原因なのか、それは噂に過ぎないのではないか、もしかすると全く違う毒ということも考えられる。福島では、年間放射能許容限度量が一ミリシーベルトから突如二十ミリシーベルトに引き上げられ、その上福島県の健康管理責任者は、百ミリシーベルトまでは健康に問題がないと公言し、人々を混乱させている。「政略です」アイリーンさんは言いきる「このような逆の発言は人々を分裂させます。この亀裂は家族の中まで浸透します。それは家族にとっての時限爆弾です。人々が一致団結していると、政府はやりにくいのです。そこで人々をお互いに喧嘩させせます。福島に残るか、福島を去るかの決断も同じことです。その議論で人々は疲れきっています。そこへ持って行くのが彼らの目的なのです」。政府が被災者に向けて遂行する、疲労と消耗のための戦略の一つがいま福島で大々的に行なわれている「除染」作業だと、アイリーンさんは明言する。

また被災者に対しての差別も段々と広まっている。これから福島の子供達は「被曝者」として蔑視され、社会から除外されるかもしれない。恐ろしいことだが数年後には、広島や長崎や水俣のように、福島の被災者の「黒いリスト」が作られるかもしれない。そこに記載されるのは、夫として妻として、また父として母として、なんとしても拒否しなければならない。

アイリーンさんは告発する「日本政府の福島の被災者への処遇は、あまりに酷く、これ以上の理不尽はありません」。彼女はこれに対してあきらめることなく立ち向かう。彼女はインタビューの最後にもう一度水俣の例を引いた「水俣事件の被害者から一つ学んだことがあります。負けないで戦い、色々な人が関われば、時には、公平な裁判で勝利を得ることができるのです」。この「時には」が、彼女の活動の大きな原動力なのだ。

東京　覆面ジャーナリスト　桐島瞬さん

名前は仮名である。本当の名前も年も分からない。自分で「四十代の後半」といったが、まあそんなところだろう。インターネットのグーグルで彼の名前をさがすと「asianwiki」にこう書かれている。「Dr. Kirishima is a genius plastic surgeon who gives his patients brand new lives」。顔は知っている。少なくとも私達は友人なのだ。克明なリサーチの仕方、事実の確かめ方も良くわかった。慎重すぎて国家権力に弱い編集者と出版社を相手に、彼が困っていることも聞いている。彼の手を見れば仕事が出来る人だと見分けがつく。制約のないゆったりした場所で、美味しい日本食を食べるのが好きなことも知っている。そこが何処だったのか、私には皆目わからないが、あの日一軒のレストランを探して私達は、東京をぐるぐる走りまわった。彼とはまだほんの少し知りあっただけである。「彼はおもしろい人です」と私に告げた彼女は彼に、とても好意を持っているようだった。そのとき彼女は意味ありげな眼差しを私にむけた。希望なし。彼には家族があるのかないのか、彼は結婚しているのかいないのか、一人で暮らしているのかそうではないのか、なにもかもわからない。彼女が言うように、彼は一匹オオカミなのか、それともただそのように見せかけているだけなのか。彼は一時期アメリカで暮らし、メールのやりとりが英語で出来ることは知っている。

彼の仕事は重要である。そしてその仕事は危険でもある。彼はレポーターで、ネットの情報では満足しない。机上のジャーナリストではもちろんない。ジャーナリストはメディア企業と記者クラブに属さなければならず、そこからしか公的情報をもらえないシステムの国で、彼は何処にも属さず自由に仕事をしている。彼は記事を書き写真を撮る。フリージャーナリストは、記者クラブのシステムにのって仕事をしない。彼は自ら事件の現場に入り、当事者に直接インタビューする。福島原発の原子炉カタストロフの直後、彼は職業斡旋所「ハロー・ワーク」へ行って、発電所の労働者として働きたいと申し込み、覆面ジャーナリストの仕事を始めた。彼は現場の真相を知りたかったと言う。他のやり方では何の情報ももらえないし、自らの知りたい要求を満足させ、疑問に答えることは出来なかったと言う。約半年間、破壊された原発で、東京電力の八つの系列会社の四番目の会社に雇われて仕事をした。彼の仕事は汚染された冷却水の排水装置の清掃であった。彼は通常、一日三時間から四時間勤務したが、毎時四ミリシーベルトの放射能汚染量であった。国際放射線保護委員会では、年間の放射能許容限度量を一ミリシーベルトから二十ミリシーベルトに規定している。「毎時六ミリシーベルトの放射能を浴びると人間は死に至ります」。彼は出来るだけ汚染された排水に近づかないように気をつけた。放射能に対しての恐れよりも仕事を辞めさせられることが怖かった。幸運にもいまだに誰も彼のことに気がついていない。あの千人以上の後片付けの労働者たちはみんな日雇いで、東電の従業員は一人もいなかった。報酬は一日約百ユーロ（一万三千円）で、「外の」そういった仕事よりも幾分安く、マスコミで報道されているよりずっと低賃金であった。原発で働いていた間は、いわき市に止めた車の中で暮らして眠った。彼は東電が嘘をついているとは思わない。東電の情報ポリティックは、情報を常に小出しにして、真実の全体像が見えないようにしているのだと言う。嘘を報道しているのと同じで、現在誰も破壊された原発の内部がどうなっているのか知らない。

最初の約束の時間に彼は遅れてきた。全く忘れていたのだ。覆面ジャーナリストへのインタビューにふさわしい場所をあれこれと考えた。ホテルのミーティングルームを半日借りるのは非常に高い。コーヒー屋は人目につきすぎて私的な話には向かない。そこで仕方なく、ホテルの私の部屋で彼と会うことにした。知らない男性とホテルの部屋で会うのは、ちょっと不安だった。しかし彼は現れない。彼女が教えてくれた番号に電話をしてみる。彼は老人のような声で応答する。彼は驚いたらしく、言葉少なに答える。私は日本の多くのサラリーマンのような、味気ない黒い背広姿の男を想像する。その声の職業的な響きに、これが本当に覆面ジャーナリストなのかと疑心暗鬼になる。それは彼に会ったとき考え違いだったことが分かる。彼は約束を忘れたことを謝り、すぐ行くと言って電話を切った。その後また向こうからかけてきて、そこに着くまで約一時間半かかると言った。後で彼の住居と仕事場の住所を聞いて成程と納得した。

　彼はやっと現れた。若々しいジーンズとTシャツ姿で。ちょっとびっくりしたように私を見て、靴を脱いだほうが良いかとたずねた。彼は椅子に腰掛け私はベットに坐って、長年の友人のように会話した。

　現在彼はもう原発で働いていないが、原子炉事故とその後の調査は続けている。政府で

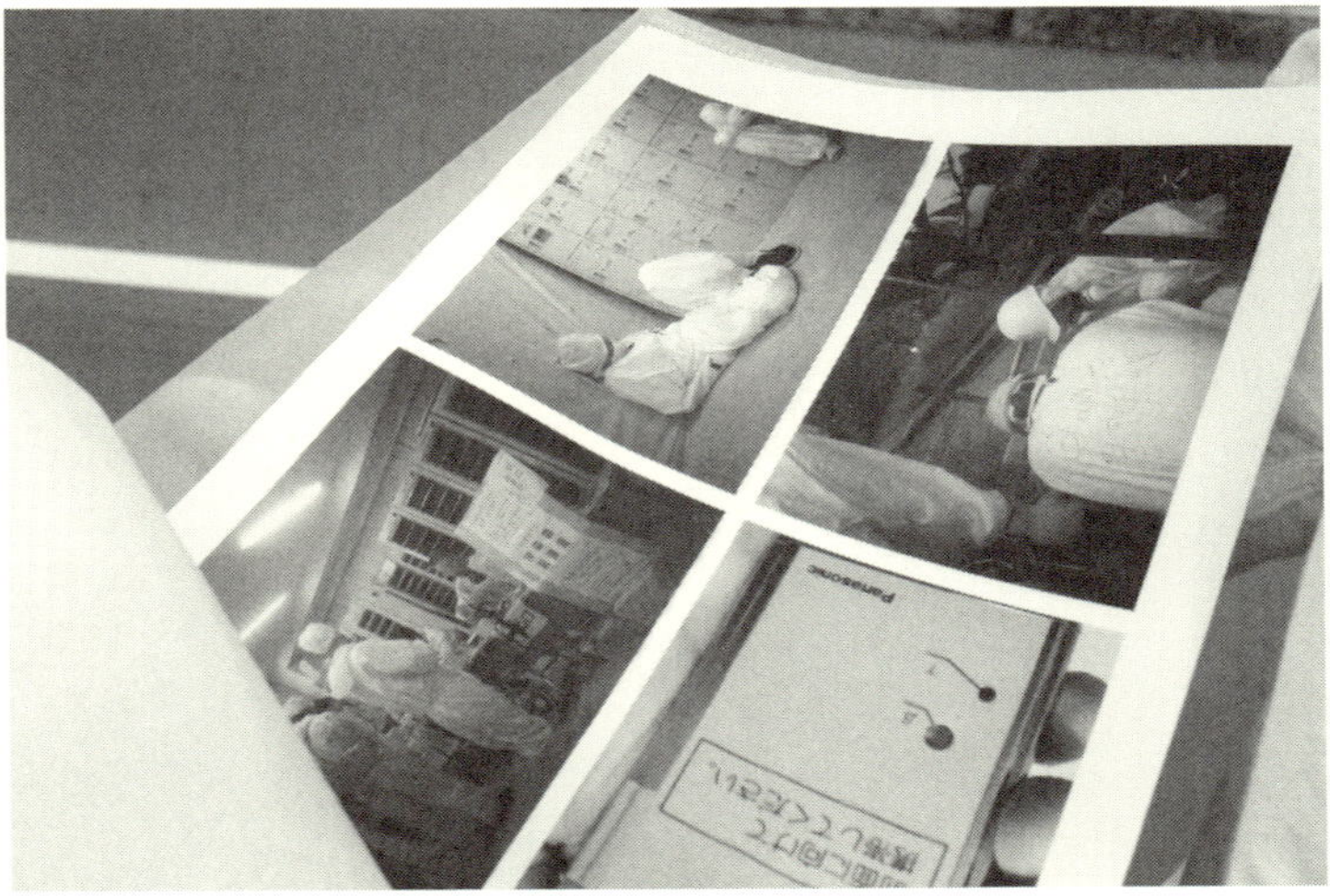

公表している放射線量の値は、真実より低いことを証明した。政府がインターネットで流している値は、実際の放射線量の約半分である。公的な線量計は値が低く出るように設定されているのだ。福島の数多の放射線量測定場所へ行って自分で測ってみると、大体四十パーセントから五十パーセントも値を低くして公表していることが判った。その調査の結果について彼は克明に書き残している。福島だけではなく、北関東地方の栃木、茨城、群馬、そして千葉と東京でも調査をしている。どこでも公の値は常に実際よりも低かった。この低い測定値は一年間、二年間、三年間と集約され、日本の放射線量の公式な値とされる。それは結果として、日本だけではなく世界的な放射線量の低下につながり、日本は安

全だということになる。チェルノブイリの場合は、事故後四年経って子供の最初の甲状腺癌が発見されたことを、チェルノブイリを調査してきた彼はよく知っているし、福島と比較することも出来る。しかし日本の政府はこう言うだろう。放射線量が低いので、甲状腺癌が発生したとしても、それは私たちの責任ではなく、原発事故とは何の関係もない。この政府のやり方を非常に恐れるため、桐島さんは調査を続けその人為的操作を暴くことに努力している。

二〇一三年八月、破壊された福島第一原子力発電所でまた大きな事故が起きた。それは国際的に、原子力事故の危険段階の三と判定された。放射能汚染でトリチウムを含んだ約三百トンの冷却水が、多くのコンテナーから流れ出て海に注がれていることと、また放射能を含んだ地下水が海に流れ込んでいることも、東電は認めた。桐島さんは、その経緯を記事にして、朝日新聞の週刊誌『AERA・アエラ』に発表した。そのなかで彼は、福島原発は最悪の事故を起こす前から、地下水の問題を抱えていたことを明らかにした。その情報は彼が、以前原発で働いていた人から聞きだしたものである。『アエラ』は批判的な記事を掲載する、数少ない雑誌の一つである。彼の報告は『プレイ・ボーイ』や、大衆雑誌の『週刊朝日』や『フライデー』にも掲載された。この雑誌の出版社は記事の内容を確かめて、正確であることがはっきりしてから公表した。桐島さんは彼の記事で、まだ訴えられたことはない。

東京　画家で造形美術家の　中川直人さん

東京の中心にある国際文化会館（International Hause of Japan）は、素的な施設である。特に素晴らしいのが本館で、二〇〇六年八月に、この建物は文化庁から「有形文化財」に指定されている。これは戦後日本のモダン建築の一例として希少価値がある。またそれをめぐる庭園は、京都の名造園家「植治《うえじ》」こと七代目小川治兵衛によって造られた。様々な形に刈り込まれたつつじの植え込みが、五月になると強烈なピンクと優雅な白い花を満開にして美しさを競い合う。冬には赤と白の椿が、緑の中にあざやかなアクセントをつけ、大木の桜花は春爛漫に、薄桃色の雲のように庭全体を覆う。そして数日後、そのはなびらは春風にさそわれ、雪のように庭一面にふりしきる。日本でそれは無常のシンボルとされている。一九五五年に日本建築界の巨匠、前川國男、坂倉準三、吉村順三の三氏の共同設計により、この建物は高低のある敷地に、庭との調和を図って建築された。そのお蔭で一千万の大都市東京のど真ん中に、まだ丘のある庭園が残っているのだ。その木陰の小道は、ひっそりと石灯籠がたつ、鯉の棲む池に通じている。この美しい庭園が、六本木のガラス張りの高層ビル街から歩いて数分の場所にあることが嘘のようだ。庭から本館のゲストルームへ上がると、岩崎小弥太記念館があり、ここは会議や催し物会場として利用されている。そこには、レストラン「さくら」と、ゲストが朝食をとったり、午後のお茶をする丸いガラス張りのカフェがある。入り口には店の名前が、「ザ・ガーデン」とカタカナで書かれている。日本人の目と耳には、その小さな言葉は、西洋の雰囲気を運んでくる。それにこの施設は、西洋と日本の出会う場所でもある。この国際文化会館は、一九五二年に「日本と世界の人々の文化交流と知的協力を通じて国際相互理解の増進をはかること」を目的として設立された。人々は平和を求め、国際理解を学んだ。一九五二年は、アメリカの駐留軍が戦後六年間の日本駐留を終えた年でもあった。その七年前には、第二次世界大戦の最後である太平洋戦争が終結した。十五年の長きに渡って日本軍は、東アジアの国々を侵略し、パールハーバーで奇襲攻撃を強行し、西洋諸国を敵に回した。そしてアメリカは、広島と長崎で、開発したての原子爆弾の投下実験を行ない、日本を無条件降伏に追い込んだ。

この施設の建設目的は、ごく自然に達せられている。それはこの建物と庭の持つ素晴らしい雰囲気のためである。笑い、会話、コンタクト。私もここで、スコットランドの彫刻家ケイト・トンプソンさんに会う。現在彼女は、日本人の夫である彫刻家の片桐博則さんと、東北で暮らしている。二人は、彼らが創った白と黒の大理石の彫刻のように、似合いの芸術家夫婦である。今彼女は本館のロビーで、《日本からの絵葉書》という展示会を主催している。小さな芸術作品。東北の、地震と津波と原発事故の被災地の、女性の芸術家たちが描いた絵葉書。それに外国の女性アーティストが返事を描いている。この展示会では、その両方の作品を紹介している。

ケイトとカフェで朝食をとっていると、一人の男性が近づいてきた。ケイトと彼は古い友人のように挨拶を交わしている。ケイトは私にその人を紹介してくれる。画家で造形美術家の中川直人さん。ラウンジに入ってきた時から私は、彼の身のこなしや歩き方に注目していた。普通の日本の男性に比べてずっと感性的でエレガントである。話し方も体質的に違う。彼は大きな声でジェスチャーいっぱいに話し、高らかに笑い飛ばす。彼の英語にはアメリカ風のアクセントがあり、それは日本に住んでいる人のものではないことが明らかであった。中川さんはケイトに、彼のプロジェクト「一〇〇人の有名人のポートレート」の話をし、ケイトはイギリスの有名人を紹介する約束をした。この「一〇〇人の有名人のポートレート」は、ニューヨークの芸術品のオークションで売られ、その収入は、国際文

化会館が彼のために保管している寄付金と一緒に、若者の芸術教育と文化活動の資金として、福島、岩手、宮城の被災地へ送られることになっている。突然私は彼に、そのプロジェクトをオーストリアでもやらないかと訊ねた。そして昼前にもう一度会って話すことを約束した。まだ少し肌寒い春の日差しの中で、戸外のテーブルに坐って話し込み、その時彼には三十分しか時間がなかったことを、二人ともすっかり忘れてしまっていた。

中川直人さんは自分の過去を話してくれた。一九六二年、十八歳で日本を去りニューヨークで有名な画家になった、神戸生まれ宝塚育ちの若者の話である。一九四四年に生まれた中川さんが育った宝塚は、女性だけのレビューシアターで有名である。このモダンなヨーロッパ的な舞台は、役者が男性のみの伝統的な歌舞伎の向こうを張っている。その単一性の舞台は、双方とも非常にユニークで魅惑的だ。もしかしてこの宝塚レビューが、中川さんを子供の頃から、はっきりした芸術家志望に駆り立てたのかもしれない。もちろん家族が、詩人、画家、建築家、芸術品コレクターという彼の家庭環境が、それに大きく影響したのは言うまでもない。

十八歳で彼はアメリカへ渡った。その年にはキューバ危機が起こり、冷戦状態の世界は核戦争の可能性を見せ始めていた。五百ドルを財布に入れて横浜から貨物船に乗り込み、二十八日間のアメリカへの船旅が始まった。「私は幸運でした。当時の貨物船は、七、八人の乗客しか乗せませんでした。乗客には階級がなく、全員がキャプテンとパーサーと一緒に食事をしました。そんなわけで他の二人の乗客と知り合うのは、とても簡単でした。一人は有名な写真ジャーナリストのユージン・スミス。そう水俣の水銀中毒患者の写真を撮った人です」。ユージンは偉そうなマッチョタイプで、ちょっとヘミングウェイに感じが似ていた。そして同じように彼も、第二次世界大戦の硫黄島の戦いに興味を持っていた。「もう一人は、バーバラ・ホワイトさんで、彼女はフルブライト奨学金をもらって二年間、日本の伝統的な『和紙』の勉強をしました。彼女は日本語が上手でしたが、ユージンはほとんど話せませんでした」。この二人が、中川さんが最初に知り合ったアメリカ人だった。

二人はニューヨークで、彼がアパートを探すのを手伝ってくれた。着いた最初の数日は、浮浪者の宿舎に寝泊りした。その経験も今になれば笑い話である。初めのころは毎日、卵とホットドッグだけで、ローソク作りやカーペットの柄を描いたりして何とか暮らした。もちろん皿洗いもした。でもそれは、たった一日だけだった。手が膨れて筆がもてなくなってしまったのだ。それでは何のためにニューヨークまできたのかわからない。彼のアパートは、麻薬の売人が通りをうろうろし、パトカーのサイレンがひっきりなしに聞こえる治安の悪い地区にあった。一ヶ月の家賃は二十三ドル。当時中川さんは若くて、取られるものもこわいものもなかった。ブルックリンミュージアム・アートスクールで三年間、彼は素晴らしい美術の勉強をした。その後少しずつ一流の美術商やモダンアートの美術館が、彼の仕事に興味を示すようになり、作品を買い取ってくれるようになった。いつの間にか彼は、アンディー・ウォーホルと近しい人間になっていた。アンディー・ウォーホルの発見者であるアイバン・カープが、彼の第一画商になってくれた。

一九六八年、中川さんの最初の個展は、アヴァンギャルドの歴史的ギャラリー、ジャドソンギャラリーで開催された。そして、画商アイバン・カープの画廊、ＯＫハリスでのオープニングには、アンディー・ウォーホルとオノ・ヨーコとジョン・レノンが出席した。絵の価格は、八百ドルに高騰した。当時としては非常に高額だった。中川さんは高級住宅街のアパートに移った。「まるで御伽噺のようですね」私はため息をついた。「I know」と中川さんは言った。自分の話が聞き手にどんな効果をもたらすか、彼は良く知っている。ジャドソンギャラリーの後、ボストンのオベリスクギャラリー、ニューヨークのリース・ペイリー、アラン・フラムキン、ビクトリア・モンロー、そして、フィーチャーINC.、東京のフジテレビギャラリー、タマダプロジェクト、大阪のギャラリーカサハラ、そしてその他かぞえきれない、アメリカと日本の文化施設で個展を開いた。ある日彼はユダヤ系アメリカ人女性と結婚し、三人の息子に恵まれた。そしてコロンビア大学で教鞭をとり芸術についての講義をした。もちろんこの回想は、彼のパラダイスの時期のことであり、現実はまた別だ。「光の見えない真っ暗なトンネルの中にいるような、非常に苦しい日々が十年以上も続きました。今考えると、あの時期を一体どうやって生き抜いて来られたのか、自分でも良く説明できません」

二〇一一年三月十一日、マンハッタンのアトリエにいた中川さんは、ラジオで、地震と津波と原子炉カタストロフィーのニュースを聞いた。日本が危険だ――最初にそう思った。Youtubeで、何度も何度も波が押し寄せる場面を見た。彼は援助金を送った。「あの当時、アメリカ人は日本に莫大な額の寄付をしました」。しかし彼は何かそれ以上のことをしたかった。何もかも失ってしまった人たちに、お金ではなくもっと心のこもった贈り物をしたかった。自分の本領は絵を描くことだ。そして彼は、大震災の被災者のポートレートを描き、それを本人にプレゼントしようと決心した。

彼のスタジオは、あの二〇〇一年九月十一日に襲撃を受け、爆発崩壊したワールドトレードセンターのツインタワーからあまり遠くない。あの時日本の子供達は、折り紙で千羽鶴を折り、ニューヨークの学校に送った。彼の子供達が通っている学校にも、それが送られてきた。子供を迎えにいくたびに、彼はロビーにかざられている折り紙の鶴を見た。希望と勇気のシンボルで、すべての国境を越えた愛と友情の印。

日本には、あの「貞子」の物語が人々に知られて以来、「希望の千羽鶴」の風習が根付いている。貞子は四歳のとき広島で、原子爆弾の放射能を浴び、十四歳で白血病を発病する。長寿のシンボルである千羽鶴を折れば、神様が病気を治してくれると信じて、貞子は病床で鶴を折り続ける。しかし九百九十羽（鶴の数がもっと少なく書かれた本もある）の鶴を折ったところで貞子は死ぬ。広島の平和記念公園には、貞子とその物語を模《かたど》った像がある。オーストリアの児童文学者カール・ブルックナーによって *Sadako will Leben*（貞子は生きたい）のタイトルで書かれたこの物語は、一九六一年に出版された。この本はベストセラーになり、世界中で七十の言語に翻訳されている。

この「千」という数字が中川さんに、福島、宮城、岩手の被災地をまわって、「希望、

1000人のポートレート」プロジェクトを始めるインスピレーションを与えたのだ。彼は、自衛隊、消防隊員、たくさんの仮設住宅の人たち、漁師さんたち、子供たち、学生たち、おじいさん、おばあさんたちを描いた。たくさんの入院患者や仮設住宅の人たちを描いた。二〇一一年五月二十七日から二〇一二年六月二日までの約一年間に行なった八回もの旅で、千枚のポートレートは描きあがった。息子の太郎さんが彼の旅に付き添った。最初に彼等は岩手県の盛岡に飛んだ。そこの仮設住宅で、子供達のトラウマの治療と、老人達の介護にあたっているボランティアのセラピストグループと知り合った。彼等はニューヨークからの訪問者を歓迎し、プロジェクトの援助をしてくれることになった。しかし当時まだ自衛隊が死体の探索中で、そこに留まるには公の許可が必要だった。交渉の結果、彼が自衛隊員五十四名の似顔絵を描けば、許可がもらえることになった。「食事抜きで水だけ飲んで、一日で五十四名の似顔絵を描きました。それはちょっとハードでしたね。でも全員描くことができたのです」

ニューヨークと、福島の各市庁舎と、彼の故郷の宝塚での展覧会では、千枚のうち百枚だけを展示した。その絵は、展示会が終わった後、また本人に返された。

多くの友人から、なぜそんなに金と時間がかかるプロジェクトをやるのかと聞かれた。たしかにこれは、思ったよりもずっと時間もお金も多くかかった。自分の本来の仕事をする時間もなかった。それでも彼は、なぜそれを実行したのだろうか。「人間は、助け合うために生きていると思っています」そう言いながら彼は書類入れを机の上に置く。ポートレートを描いた千人の詳細なリストだ。絵の番号、名前、年、場所、連絡先。一千番目は四歳の男の子である。その子は、吃驚したように目を見張って描かれている。なぜなら、その子が見ているのは、画家の中川さん一人ではなく、彼をとりかこんだ報道陣のテレビカメラなのである。

この仕事で被災地を廻っている間に、彼には新しいプロジェクトの構想が湧いた——「一〇〇人の有名人のポートレート」。この絵の売り上げはすべて、被災地の文化活動と特に若者の芸術教育の資金とされる。現地の多くの被災者たちが、何らかの形で芸術と文化を欲していることに彼は気づいた。そしてその資金を集めることを決心した。多額の資金——百万ドル。あるニューヨークのオークションハウスではすでに、彼の超有名人のポートレートを競りに出す約束をしてくれた。まず初めにニューヨークのポリスコミッショナー、レイ・ケリー、俳優のオリバー・プラット、そして著述家で日本スペシャリストのドナルド・キーンを描いた。作家のケイト・ミレット、元ニューヨーク市長のエド・コッチ、そして南相馬市長の桜井勝延さん。彼は救援物資が届かず困窮状態にあった市民を救うため、Youtube動画で世界中に救援を呼びかけ、タイムマガジンから二〇一一年の「世界の百人の重要人物」の一人に選ばれた。「私はとても速く描きます。このようなポートレートは約七分で仕上げます。紙に黒インクペンで。誰でもそうですが、特に有名な、ヒラリー・クリントンやマドンナ、レディー・ガガ、そしてオバマ大統領などは、長く坐ってはいられません」。この人たちにも当然モデルを頼んである。彼がすでに描いた人の中に、菅直人氏が含まれている。震災当時の総理大臣で、一般に批判され、総理大臣のポストを退かなければならなかったが、彼は日本の原子力からの離脱を宿願する数少ない政治家の一人である。

日本のマスコミは、国際的な背景を持ち、日本のためになんらかの活動をする人物に注目する。中川さんはすでに幾度もインタビュ

ーを受け、マスコミで紹介されてきた。その時彼はかならず二つのプロジェクトについて語り、その機会を利用して、日本の原子力からの離脱を呼びかけている。「原子力発電所は全く意味のないものです。それを統御することが出来ず、故障しても直すことが出来ないものを、なぜ作るのでしょうか」。この理論は正しい。反原発志向の人々は誰でも、今日本人が力を合わせれば新しいエネルギーの開発が可能であることを知っている。発言力と権力を持つ政治経済界の要人が、それを望みさえすれば。

中川さんへのインタビューは終わった。この最後の言葉はこのストーリーの結論にぴったりである。私は彼にお礼を言って、テープレコーダーのスイッチを切った。そのときハプニング

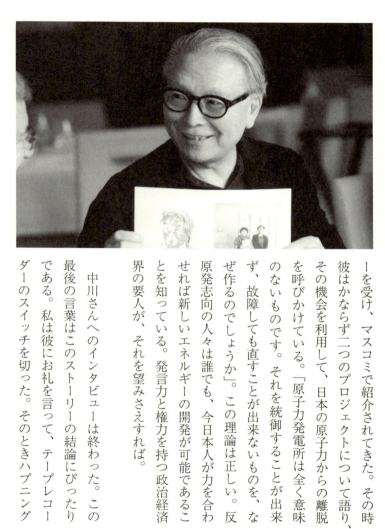

がおきた。中川さんはお辞儀をしてから、頬にキスをしてくれた。

東京　ジャーナリスト　岩上安身さん

ハットが彼のトレードマークである。サイトへの出演も帽子をかぶったままだし、どの写真をみても帽子がのっている。それは、彼が個性のない背広姿の普通の会社員ではないことを、物語っている。そしてさりげない顎ひげと口ひげも、同じ効果をあげている。常に背広にネクタイでいるのは、日本ではきちんとした服装が、重く見られることを知っているからだ。ジーンズや革ジャンでは、決して公の席には出ない。特に東電の記者会見や、仕事でインタビューに行くときには、かならず背広を着る。

岩上安身さんは、作家であり、ジャーナリストであり、インターネットプラットフォームの、インディペンデント・ウェブ・ジャーナル Independent Web Journal（IWJ）の設立者である。彼の著書『百人百話』と、小さなギャラリーで催されたその展示会が、岩上さんと知り合うきっかけになった。まるで私が考えていたことが、以心伝心したかのように、彼は福島の百人の人々にインタビューし、写真を撮ったのだ。その本の中の人々は一人称で、なぜ福島を去ったのか、なぜ福島に残ったのか、自分のした選択について語っている。インタビューはその本に書かれただけでなく、百六十五のチャンネルを持つインターネットプラットホームで公開されている。その本の前書きで岩上さんは、福島への旅の要因となった感動的なエピソードを記している。

二〇一一年の夏、神奈川県の逗子で催された講演会の後、六十代後半の女性から相談を受けた。彼女は自分の身の上を語った。

「私は三十年以上も逗子で暮らしています。子供達はとっくに成人して家を出ました。あの日まで私は平穏な静かな毎日を送ってきました。私の実家は大熊町で、福島原子力発電所の所在地です。あそこにはもう戻れなくなりました。訪れることも出来ません。立ち入り禁止区域です。大熊には家族のお墓があります。父と母と弟が眠っています。でも私はもうお墓参りに行けません。一体私はどうしたら良いのでしょうか。お骨を出してもらって、他の場所にお墓を移すことが出来るのでしょうか」。

その時目からうろこが落ちた気がした、と岩上さんは書いている。

「故郷のお墓。福島原発から三百キロ以上も離れた土地で、家族のお墓のことを憂えて

いる人がいるのです」
　そのことについて彼は改めて考えた。日本人は故郷のお墓にお参りするのが慣わしだ。しかし彼女は、もうそこへ行って家族の霊に祈ることが出来ない。一体それはどういうことだ。その女性は、もっと悲惨なことを彼に話した。「私の姉は重体です。もうあまり長くはありません。医者は、あと一週間、と言いました。姉は原発から約十キロの浪江町に嫁ぎました。死んだ義兄の墓は浪江にあります。姉もそこに入りたいと願っています。姉は、原発事故のことも、放射能汚染のことも、二度とそこへ帰れないことも知りません。教えて下さい。私は一体何処に姉のお骨を埋めたら良いのでしょうか」
　岩上さんは綴る。

「人の営みの記憶は、すべてどこか特定の土地、場所と結びついている。その土地から離れて存在しているのではない。そうした、人生の思い出が刻み込まれた土地が汚されてしまった。そこにはもうもどれない……」

この人、この文章を書いた人に興味を持った。東京のある小さなギャラリーで知り合って数日後、その近くにある彼のオフィスへインタビューに行った。数多のコンピューターと若い人達の真ん中に、親分の岩上さんがいた。彼は終始生真面目な様子で、特に専門領域のテーマについては、まるで講義をするかのようにインタビューに答えた。それは、日本ではタブーな問題が主である――アメリカの日本への政治的介入（日本は独立国ではありませんと彼は言う）。日米安全保障条約とその経緯。沖縄問題と米軍基地が住民におよぼす被害の状況。

「時々私は、まだ冷戦が続いているのかと思うことがあります。アメリカはいまだに日本を占領しています」

日本はアメリカの東アジアにおける前線基地なのだ。軍事基地内ではアメリカの法律が適用され、日本は何の発言権もない、アメリカの許可なしでは、日本の警察さえも基地に入ることが許されないと彼は憤る。

岩上さんはジャーナリストとして、そうした領域をも取材しているが、「福島」と原子

力反対運動についても、多大な調査活動をおこなっている。私はここで彼にお礼を言わなくてはならない。世界のどこにいても、日本の反原発を訴える人達と一緒に、ライブでデモ行進に参加できる可能性を与えてくれたことを。人々は定期的に毎週金曜日の夜、東京の国会周辺と他の多くの場所でデモを行なっている。日本のマスコミはそれを無視して報道しない。なぜなら彼らの大スポンサーが、原発の建設や経営にかかわっているからである。日本の反原発運動家や、彼らのデモ行進や反対活動が外国の報道メディアに取り上げられないのも当たり前だ。岩上さんはインディペンデント・ウェブ・ジャーナル iwj.co.jp で、世界に向けての発信を可能にした。そこで彼は、東電や政府の代弁者を招いての記者

会見や講演会や特別インタビューを企画し、合計百六十五のインターネットのチャンネルに放映する。それは二十四時間、週七日の放映で休みなし。その経費はすべて、IWJ会員の会費と視聴ファンの寄付で賄っている。ジャーナリズムを寄付で賄っていけるとは、本人の岩上さんも思っていなかった。人々はIWJのサイトに入り、無料でインフォメーションを受け取り、その価値によって寄付をする。「それは思いがけずうまくいきました。これまでは」。それは会社創立当時のことであり、いまは会員制ですべての動画や論文や資料がアーカイブとして収蔵されている。貴重な動画や論文は資料として保管され、会員は検索システムでアクセスすることができる。

岩上さんは常時、二十数名の常勤スタッフと、その他に数え切れないフリーのジャーナリストや市民の協力者を持っている。事件が起こるやいなや、その誰かが現地に急行する。彼等はそこにカメラを設置し、現場から中継を行う。彼は日本全国から、各地の中継市民がレポートを送れるネットワークを作るために日夜努力を続けている。そうすれば、他の

メディアが手を出さない情報も残らず報道できる。すでにIWJは、日本の最も大きなインターネットの市民メディアの一つである。

岩上安身さんは、一九五九年に東京で生まれ育った。社会科学の学士を取得して早稲田大学を卒業した後、情報センター出版局で編集者としてのキャリアを積み、その後、週刊誌の記者となり、一九八七年、束縛のないフリーのジャーナリストになった。それは日本のメディアの本流から外れたことを意味していた。しかしそれしか、自分が信じるジャーナリストの道を全うする方法はなかった。批判的な見方、真実の追求、明確さ、不当への指摘、そうした彼の仕事を自由に社会の中でやりたかった。日本でフリーランサーとして生きるのは、一種の冒険で大きなリスクが伴う。何とか家族を養うことは出来た。フリーランサーの一番の問題は、日本のジャーナリズムが、記者クラブのシステムの上に乗っていることだ。政府や公的機関が流したい情報だけを伝える、選ばれた御用ジャーナリスト達が集まる記者クラブには、何の後ろ盾もないフリーランサーは入場禁止である。そこに入れなければ情報はもらえない。現在の岩上さんは、これまでの実績によって、記者クラブ主催の会見の一部に入ることは認められている。しかし公の記者会見のみに限られ、取材機会は記者クラブメディアに比べて著しく制限されている。

「大きな報道機関の記者たちは、議会や官庁の施設内部に自分のデスクを構えているし、コピーをしてくれる秘書のような職員までいます。それは全部、税金で賄われています」

彼はそう悔しがる。

共産主義（社会主義）の没落とベルリンの壁の崩壊直前、岩上さんはソビエトと東ヨーロッパ諸国の実情に興味を持った。一九八九年から一九九四年にかけて、旧社会主義国をめぐる二十回近い取材旅行を重ねた。一九九六年、ソビエトの崩壊とロシアにおけるデモクラシーの芽生えと、そこにすでにひそんでいた新自由主義のワナについて描いた『あらかじめ裏切られた革命』を講談社から出版した。その本で彼は、講談社ノンフィクション賞を受賞した。彼はテレビ番組のコメントをしたり、幅広く様々なメディアで様々なテーマを報道してきた。

岩上さんが今いる場所に跳躍したのは、二〇〇九年のことである。その当時彼はウェブサイトを新しく作り変えていた。

「二〇〇九年は日本にとって一つのエポックとなった年でした。八月の衆議院選挙で政権交代が行われたのです」

あの選挙で、長年政権をとってきた自民党が負けて、その議席の半分以上を民主党に取られた。戦後の日本の歴史に、民主党は一党で議席の過半数を取るという、快挙を記したのだ。あの年、この国には、これから良くなるかもしれないという気運が漂っていた。しかしそれは長くは続かなかった。二年足らずで起きた、地震と津波と福島原発事故の三つ巴の東日本大震災によって、それは一挙に終わった。この悲劇が起きる前から岩上さんは、彼のサイトでビデオも見られるように改良を施していた。この開発は継続発展して、二〇一〇年にはUstreamの導入に成功した。Ustreamは、ライブ動画をネット配信するための最も進んだビデオテクニックで、元々はアメリカの軍隊が、世界中何処からでも家族や友人と会話ができるようにと考案したものである。こうして岩上さんは、IWJを支える技術を手に入れ、二〇一〇年十二月から動画公開を始めた。この設立にあたって彼は、今までのように一人でやるか、それともグループを作るか考えた。

「一人でやることにはなれていたし問題がなかったのですが、あの時私はもう五十歳を越していて、これからは若い人たちを育てて、知識や経験を渡していかなければならないと考えました」。私的にもそれが可能な状態であった。彼の両親は亡くなり、娘二人は成人して家を出て自立していた。身軽になった彼はチームを作ることに決めた。

事態が深刻になったとき、彼の新しいメディアには必要とされるすべてのものがそろっていた。二〇一一年三月十一日のカタストロフで、IWJは大活躍をした。あの日岩上さんは美しい瀬戸内海の山口県に行こうとしていた。そこで彼は、紛争中の上関原発プロジェクトの取材をする予定だった。上関港から数キロ離れた変化にとんだ美しい海岸に、中国電力が原子力発電所の建設を進めている。詳述すると、原発建設予定地は広島から約八十キロの地点にあり、プロジェクトは一九八〇年代に開始されたが、福島の事故の後は期限ナシで停止したままになっている。しかし中電はそのプロジェクトを遂行すべく、地元の漁師達の反対を多額の交付金で押し切ろうとしている。この上関へ向かうべく、東京から新幹線に乗ろうとしていた、その予定時刻の数時間前にあの大地震が起きた。彼の事務所も自宅も、倒壊はしなかったが、内部はめちゃくちゃになった。新幹線はストップし、彼の上関行きは中止になった。そのかわり、地震で機能を停止した首都・東京の街頭に飛び出した。すぐさま彼と彼のスタッフは、3・11直後、最も早い段階で行なわれた経済産業省前の反原発デモの様子を中継した。3・11翌日の三月十二日のことだ。同時に、原発反対者や批判的な文化人にインタビューを行い、福島第一原発で深刻なメルトダウンが起こっている可能性があると伝えた。数日後に東京電力が記者会見を始めると、二十四時間放映した。原発事故は、日本のメディアの報道の貧しさをさらけ出し情報不足も特に目立った。彼はその欠陥を補う作業を始めた。原子力との批判的な対決は今も彼の報道の核となっている。

「この問題で明確にすべきことは、如何なる政治的プランで、日本に原子力発電が導入されたのか、またそれによって、どんな目標を達成しようとしているのか、国民の反対をどう誘導していくのか、ということだと思います」

この問題に対して彼は自分の哲学を持っている。日本のような地震国に原子力発電所をつくるのは、馬鹿げたことだし非常に危険である。

「そのリスクは莫大です。安価な技術だと言いますが、とんでもない。福島が良い例です。小さい人口が密集した日本のような国に事故が起きた場合、はかりしれない被害が発生し莫大な損失になります。それがはっきりしているのに原発はなくなりません。なぜでしょうか。日本は核兵器を持ちたいのです。いざとなれば核兵器の保有が可能な技術とプルトニウムを蓄積しておく。それが原発を維持する理由であると思います」

これは公然の秘密だが「核の平和利用」のお蔭で、日本はいつでも核兵器を造れる状況にある。この事実も日本のメディアのタブーである。しかし反原発運動の最前線で活躍している、ノーベル文学賞受賞作家大江健三郎さんの記事でもそれは公言されている。そして当然、岩上さんと彼のIWJはこのテーマを明確にし、報道する。「核の平和利用」の命令は、もちろんアメリカからきた、と彼は確信する。アメリカと切っても切れない仲の日本はそれを受け入れた。3・11以降、日本で脱原発が世論の過半数を占めても、日本の政治のトップは脱原発を実現できない。それは米国から、「日本は脱原発すべきではない」という、明確な指令を受けたためでもある、と彼は言う。岩上さんは、アメリカの戦略国際問題研究所（CSIS）の興味深い報告のことを話してくれた。以前の国務副長官で、CSISの理事であるリチャード・アーミテージが、日米同盟の深化について述べ、最後に「原子力発電の注意深い導入は、日本にとって正しい、責任あるステップである」と記している。日本の進路を決定するのはアメリカである。そういう事情は、今も昔のままである。岩上さんは、原発を抱え込む社会の危険性から目をそらし、諦観してゆく気運が広がっていくことに対して危惧の念を訴える。

「カタストロフの直後は、日本中がショック状態でした。しかし時間がたつと、直接の被害者以外はまた平常に戻りました。政治も公的機関もメディアも、それを過去のことにして忘れるように仕向けています」

岩上さん初め多くのジャーナリストたちは、人々が自ら考えるように、また考えを改めるように、全力で働きかけている。でもそれ以上のことは、彼らにも出来ないのだ。

東京　写真家　市川勝弘さん

「運命が私達を引き合わせてくれたのです」と市川勝弘さんは言った。南青山にある「机」というレストランで、私達は魚と貝が入った鍋を食べながら生ビールを飲んでいる。この店のオーナーは、長い友人のように市川さんと話している。「机」は東京によくあるタイプの店だが、外人には見つけられないし、一人で入れないし、メニューがないので日本人と一緒でないと、何を注文したらいいのかさえも分からない。

近くにあの「Spiral」がある。カフェ、レストラン、おしゃれなショップとギャラリーがミックスしたようなこのビルで、二〇一一年の秋、私達は知り合った。偶然なのか運命だったのか。どちらにしてもそれは、短時間で信頼関係が成立し、仕事のパートナーが見つかるという幸運な出会いだった。あの時私は「Spiral」のモダンアートの専門学芸員をインタビューに来たのだ。「福島」が、今一体どんな形で日本の現代美術にとりあげられているのかを。彼女はインタビューが済んだ後、地下のギャラリーで写真の展示会が催されていることを教えてくれた。写真家市川勝弘さんの《日常》と題された、日本の田舎の生活がテーマの写真展である。原子炉大事故によって、特別な意味を持つようになった農村の生活。写真の被写体は、福島第一原発から一六キロ、第二からは五キロ離れた村である。私達はエレベーターで地下へ降りた。その時その学芸員は「写真家が会場に来ています」と言った。入り口の立て札で市川さんの経歴をざっと読んだ。市川勝弘。一九五五年、静岡県浜松市生まれ。法律を学んだが写真家となる。日本で有名な写真家、坂田栄一郎に

師事する。一九八六年、独立する。一九九四年、数多くの写真を写真集「エゴノキ」として発表する。その中に、彼が偶然知り合ったある個性的な老人を数年間定期的に撮り続けた、興味深い記録写真がある。市川さんは、東京で商業写真家として生活している。
学芸員に紹介され、すぐ私は彼に好意を抱いた。市川さんは展示された作品の解説をしてくれたあと、この展示会のために作った八分間の短いフィルムを見せてくれた。そしてこの写真を撮った経緯も合わせて話してくれた。二〇一一年三月十一日まで、一年に二回は福島の義理の両親の家を訪ねた。彼の妻の実家は、双葉郡楢葉町字上繁岡の農家である。「あの当時、東京から上繁岡まで車で五時間かかりました」市川さんは思い出すように語

る。その後高速道路が開通して三時間になった。「私の妻が生まれ育った村には、旅行者の目を引くようなものも、写真になるような風景もありません。家の後ろはすぐ国道六号線です」。一番近いスーパーまで車で十分もかかる。一九九八年から二〇〇六年まで八年間にわたって彼は、訪れるたびに、そのどうということのないただの日常的な風景を撮影した。春の瑞々しい緑の水田、秋の乾いた土、かぼちゃと大根、農家とその周囲、牛、脱穀機、農家の内部、年老いた義理の両親の長靴、そして細々としたもの。「私はまるでなにかに憑かれたかのように、それらの写真を撮りまくりました。そしてなにかが変わるのではないかと期待していました。でもあそこで写したものは、八年間なにひとつ変わりませんでした」。この静かな、ごく普通の生活について彼はそう記している。写真を写すことで、被写体に対する一種の愛情が生まれる。その細部を念入りに見ることに価値がある小さいものに対しては、優しさも必要だ。展示会に来た人の中には、この写真展が物足りなく感じた人があるかもしれない。ここには、カタストロフの爪あとが全く見えない。これらの写真は、その失われた土地と、その地方に過ぎし日に育まれた風習を、見る人に思い出させようとしているのである。その多くの写真が、どこかで米とかかわっている。米の成長の過程とそれに伴う人々の作業の光景。稲刈りの終わった田んぼに作られた、竹の小屋の写真がある。写真の下のコメントがなければ、それがなんなのか外国人には全く分からない。市川さんは、それを農村の年中行事として説明している。この「どんとやき」と呼ばれる火祭りは、新しい年の最初の満月の夜、一月十五日前後に行なわれる。稲刈りの終わった田んぼに竹で小屋を作り、その中へお正月の飾り物を入れて焼く。その灰を家の周りに巻くと、家族一同が健康でいられるご利益があると伝えられている。

義理の両親は先祖代々の米農家であった。畑にも野菜をたくさん作っていた。地方ではそれが普通であるように、長男夫婦が両親と一緒に暮らしていた。若い二人は兼業で、朝、牛に餌をやってから出勤していた。この家の娘の真知子さんは、一九八一年に市川勝弘さんと結婚した。今はもう成人した娘が子供の頃、丘に登ったりリヤカーを引いたりしてこの田舎の家の庭で遊んでいたのを思い出す。帰るときに両親はかならず家でとれたお米を持たせてくれた。市川さん家族は東京で、いつも福島の米を食べていた。畑で取れた野菜ももらって帰った。彼が長年にわたる写真シリーズを始めて二年目の二〇〇〇年に、七十八歳で義理の父が肺炎で亡くなった。市川さんはその葬式と、もろもろの慣習をカメラに収めた。シリーズ《日常》の中の一枚には、この地方特有の農家の垣根に掛けられた、死者を送る輪が写っている。今、年老いた義理の母は、汚染された故郷から避難して、いわき市の仮設住宅で長男夫婦と暮らしている。

いわきは福島県の南域の、合併で大きくなった市で、原発から四十五キロの地点にある。

周囲の市町村からの永久避難者で、いわきの人口は急増した。そしてそこでは、元からの住民と避難民との間で、目に見える摩擦が起きている。多くの被災者がいわきに避難することを希望した。なぜならそこは福島県であり故郷に近く、放射線量が「公定許容限度」内であるからだ。その集落は不便な町外れにあり収容所のようである。避難者同士でもすべてがうまくいくわけではない。同じ避難者でも、地震と津波の被災者と原発事故のそれでは、住宅に差別がある。前者はコンテナー住宅で、後者には木造の家が割り当てられている。その差別から嫉妬と不満が起こるのは当然だ。また噂によるといわきでは、原発事故の収束作業にあたる労働者も多く、そのストレスを酒とパチンコで発散させたり、女性をめぐるトラブルも起こしているようだ。このいわき市に、市川さんがその日常生活を写真に撮った農家の人たちも暮らしている。

稲の束が置かれた刈り入れ後の田んぼに、オレンジ色の夕日が射している。私はその稲束を「兎の耳を持つ藁人形」となづけた。市川さんに言わせれば「武者人形」。近くで見ると、それにはまだよく実った稲の穂が垂れ下がっている。刈り取った稲を束ねて、竹の竿に掛けて乾かす方法は「はざかけ」と呼ばれる。この写真は、見る人に平和と静けさを感じさせる。この光景のバックに一台のバスが写っている。オレンジ色の太い横線が入った白いバスである。これは原発のバスで、事故を起こす前まで従業員を送迎していたことを、市川さんは義兄から聞かされた。

「結婚したとき妻に言いました。近くに原発がある君の両親の家の近くには住みたくないと」市川さんは、展示会のカタログを作ったときのインタビューでそう語った。彼はそれを冗談で言ったのであり、その時は、あのような大事故が起こることを夢にも考えていなかった。

あの日家族は当局から、南の方向へ避難するように指示された。事故についてのそれ以上の情報はもらわなかった。ただ大急ぎで逃げた。義兄は家と置きっぱなしにしてきた飼育牛のことを始終心配していた。三月十一日後の最初の混乱期のある日、密かに義兄は家と動物の様子を見に帰った。一匹の牛は死んでいた。生き残った牛を彼は自由にした。許可をもらって時々村へ帰る隣人の話によると、田畑には雑草が生い茂り、野生化した動物たちが誰はばかることなく、自然を占領していたという。

二〇一二年に、展示会《日常》と市川勝弘さんとの最初の出会いを記した、「失われた日常生活──人が住めなくなった土地に、置き去りにされた田んぼ、大根、武者人形」を第一章とした、私の日本ルポルタージュ *Außer Kontrolle und in Bewegung*（邦訳『Japanレポート3・11』）が出版された。このルポルタージュは、ウィーンのレオポルド美術館における、市川さんの写真展《日常》のきっかけを作った。それは二〇一二年秋、日本展《存在の危うさ（Fragilität des Daseins）》の一部として展示された。レオポルド美術館の展示会のあと、東京のオーストリア大使公邸で、大使の想いから震災から二年目の日にあわせて、福島の農村の日常を写した彼の写真展が行なわれた。それは偶然か運命か、それまで遠い国だと思っていたオーストリアと市川さんは出会った。二〇〇九年、彼は広告会社から、ウィーンフィルの日本公演カレンダーに使う写真の依頼を受けていた。

二〇一三年の春、私がインタビューの相手の写真を撮ってくれないかと頼むと、彼はすぐオーケーの返事をくれた。そして夏の間に百枚以上の写真にコメントをつけて送ってきた――この人にもあの人にも会えて嬉しかった。彼や彼女との会話は非常に興味深かった。あの人は悲しそうだった。あの人は元気でバイタリティーがある。彼はその被写体になった人と、時々会ったり友人関係を結んだりしている。彼からのメールで、日本の現在の政治情勢や、解決の見込みがない原発の問題、そして東京の金曜日の反原発デモの様子などを実に良く知ることが出来る。彼は幾度も国会前のデモに参加して写真を撮った。あるとき彼は、歩道に三枚続きの大きな絵を立て掛けている一人の男に出会った。その三枚の絵には、世界滅亡、アポカリプスのカオスが描かれている。ホースと人間と動物がゴチャゴチャに入り混じり、内臓が大地から、赤い大きなブタから、人間たちから飛び散り、地面に立てられたモニターに絡み付いている。赤い風船に乗って飛ぶ人たち、白い防護服で引

ROLLEIFLEX

き裂かれた心臓を追いかける人たち、発電所の隣にある頑強な建築物。苦しさのシナリオ。この絵に好奇心を駆り立てられた市川さんは、その芸術家に話しかけた。名前は坪井あきらさん。絵のタイトルは《無主物》で、その意味は「もちぬしがない物」。この絵の背景を尋ねると、坪井さんはある裁判の話しをしてくれた。二本松のゴルフ場の持ち主は、彼のゴルフ場が放射能で汚染された責任を追及して、原発の経営会社東電を起訴した。東電の弁護士は裁判でその訴えに対して、「何物かによる損害、それの持ち主がない物」と言う表現を使って反論した。その後、〝無主物〟という言葉が有名になった。画家の坪井さんは、この「持ち主のない物」によっておきた大災害を画像化した。それは福島市の数箇所と埼玉の丸木ギャラリーで展示された。この丸木ギャラリーは、原子力をテーマとした絵画の展示場としてはぴったりの所である。このギャラリーの主催者、丸木位里、俊夫妻は、原爆投下後の広島を描いた記念的壁画で有名である。

市川さんはメールで大事なことを教えてくれ、文の最後では必ず、健康に注意するように温かい言葉を添えてくれる。私達は「絆」で結ばれている。日本にこの友人をもつ私は幸せだ。

作者後記

ウィーン、二〇一三年六月一日。オーストリアラジオ放送（ÖI）の朝九時のニュースである報告を聞く。それは、福島へ行って様々な経験をした私にとって、容易に信じられない話であった。その報告の大筋は、「福島原子力発電所の事故で、空中に放出された放射能は、国民の健康には全く障碍を与えなかった。また将来も、スーパーガウで拡散された放射能によって健康障碍が起きることはないだろう。これが、原子放射線の影響に関する国連科学委員会（UNSCEAR）の福島報告である。この報告は十八カ国から選ばれた八十名の科学者によって作成された」。報告は続く。「その上、原子炉カタストロフによって、作業員にも一般市民にも死亡者はなかった。将来も、電離化した放射線によっての死亡者は出ないだろう。その理由は、被害者の避難が早急に行なわれたためであろう」

私はこの報告を確認して、報告の責任者である、ドイツ人の物理学者、ウォルフガング・ワイス氏に面会を申し込んだ。ワイス氏はウィーンのホーフ・ブルグで、この報告が正しいことを認めた。「福島の人々が癌にかかるリスクは、事故の前でも後でも変わらないことを、その研究の結果が証明しています」。もちろん人間は誰でも癌になるリスクをもっている。しかしこの電離化された放射線が、そのリスクを増加させることはない。なぜならそれは、非常に低い値で、いわゆる「ノイズ」といった、取るに足らないものであるからだ。この科学者は単に、地球上にある自然放射能の説明をしているのだ。それならどうして福島の数千人の人たちが、特に母親と小さな子供達が、故郷を捨てて他の土地へ避難しているのか。なぜ「子どもたちを放射能から守る福島ネットワーク」が、出来るだけ多くの子供達を、福島から避難させることをその目的にしているのか。福島市で私は、公共機関や診療施設に不安を持つ市民たちの寄付で、設立された共同診療所を訪ねた。そこで医師の杉井義彦先生は、医学上の観点から、子供達は福島を去るべきであることを説明してくれた。「チェルノブイリでは、放射能年間許容限度量一ミリシーベルトを超えた場合、誰にでも避難する権利が与えられました。日本もそうしなければなりません。危険が大きい場合、逃げるか、避難するかです」。ところが日本の政府は、福島の放射能年間許容限度量を二十ミリシーベルトに引き上げた。

私は、原子放射線の影響に関する国連科学委員会（UNSCEAR）のこの「福島報告」がいかにして成立し、その裏に何が隠されているかを、説明してくれるエキスパートを探し、バイエルン州に住む、放射線医学者のエドムンド・レングフェルダー氏に会った。かれは長年、チェルノブイリ事故後の経緯を調査研究してきている。レングフェルダー氏は、それは危険な戯言だと明言し、皮肉な口調で、どうやらUNSCEARの科学者たちは、近年の癌の原因調査の研究に全く無関心なようだ、とおちょくった。「確かに、癌の発病とその原因の因果関係を明確にするためには、地域癌登録を徹底的に調べなくてはなりません。今日ではそれが可能です。微細な量でも化学物質や放射能は、癌の発病を促し発生率を高めることを立証できます。福島の事故の前も後も、癌の発生率が同じだと言うあの報告は論証なしだし、学術的見地からも納得できません。単に悪意のある寝言です」

日本でもこの地域癌登録の研究は、チェルノブイリのケースと同じで、十分に行なわれているとはいえない。「日本政府はそれをわざと無視してやらせないのだ」と原子力に対して日本で最もするどく批判してきた、物理学者で原子力工学者の小出裕章さんはメールに記す。「継続した基本的な研究と調査を行なわないと、放射能による健康障碍を実証することが出来ません」。福島の放射能年間許容限度量を、二十ミリシーベルトに引き上げたことによって起こりうる危険についても、彼は自分の考えを書いている。「それによって、除染された土地に残った人たち、またそこへ帰還した人たちのあいだでは、突然に、非常に多くの後遺症が発生するでしょう」。私は小出さんに、この「福島報告」についての意見を聞かせて欲しいと頼んだ。

現在までに正式発表された、福島の子供達の甲状腺癌は約十二人に上るが、政府の発表では、これは原発事故とは何のかかわりもない。この言い分は、ウォルフガング・ワイス氏と同じであり、彼はさらに、発表された子供の数も、すでに捏造されたものだと考えている。それこそ危険な戯言だと、ドイツの放射線学者のエドムンド・レングフェルダー氏は反撃する。「チェルノブイリのケースだが、放射能に含まれるヨード以外のものが原因で、甲状腺癌になった五歳の子供は一人もありませんでした。福島でもこれと同じ結果がでるか、注目しています」。チェルノブイリでは、事故後の三年から四年の間に、子供の最初の甲状腺癌が発見された。レングフェルダー氏は、このUNSCEARの福島報告から、彼らのチェルノブイリの事故の報告を思い出した。一九九一年、チェルノブイリのカタストロフから五年後、このUNSCEARは、一般市民の放射能による健康障碍は皆無であると報告している。チェルノブイリ事故の死者の数は、いまだに正式発表されていない。一番少ないのが五十名以下で、多いのが七万人である。

UNSCEARの報告では、福島の原発事故で、人々の健康障碍が全く見られないのは、早急な避難がその要因とされている。それでは、遅れて避難した人たちや、まったく避難していない人たちはどうなるのだ。事故当初、政府が決めた強制避難地区以外で、しかも多量の放射能が降り注いだ地域、例えば、飯舘村。それともその隣の伊達。そこはいまでも強制避難区域になっていない。そして原発から六十キロも離れた、福島市の一部では、いまだにセシウム１３７の高い値が計測されている。しかしUNSCEARの代表のウォルフガング・ワイス氏は、放射能の値は非常に低く、天然放射能と同じで、取るに足らない「ノイズ」のようなものだと言い続けている。

しかしすべてのUNSCEARの科学者たちが、福島報告を認めているわけではない。ベルギーの放射能安全調査員でUNSCEARの協議員のハンス・ファンマルケ氏は、ベルギーのメディアを通じて皮肉な調子で、福島の事故を小さく報告していることに対して、「チェルノブイリの事故を教訓とするべきだ」と批判している。

「この報告は、アトムロビーと政府にとって、日本の原発の再稼動を推進するための交渉を有利にし、福島から『自主避難』した人々を弱者に仕立て上げ、援助金を払う義務を回避させるのでは」と質問すると、ウォルフガング・ワイス氏は、強く言い返した「この報告は、政治とは全く関係がない。学問に忠実である以外に、何者に対しても義務はない」

Kさんのことを思う。あの少女は今、日本アルプスの山麓の松本で暮らしている。大好きな故郷を遠く離れ、友達とも別れて。彼女の両親が福島での生活は危険だと判断したから。なぜ、Kさんが、東京の担当局員たちに日本の原子力依存を止めるように頼んだのか、UNSCEARの科学者たちに話そうか。Kさんの両親の避難と、多くの人々の自主的な避難は、大げさなパニック反応なのか。半永久立ち入り禁止区域以外の土地から避難した人たちは、「UNSCEARの報告や、大規模な「除染」で、みんな安心してまた故郷に帰れるのか。この福島報告は、彼らの回答よりも、ずっと多くの疑問を投げかけた。「学問に忠実」という人達を本当に信頼できるのかどうか、数年後の「福島」が実証する。Kさんと他の多くの子供達が、それをはっきり見せてくれるだろう。

訳者あとがき

ブランドル紀子

二〇一一年三月十一日、東日本を襲ったマグニチュード九の巨大地震、最大二〇メートルにも及んだ津波、続いて起きた福島第一原子力発電所の爆発事故、そして原子炉三基のメルトダウン。ユディットさんの *Außer Kontrolle und in Bewegung* は、この三つ巴の東日本大震災の、半年後の被災地のレポートと、被災者へのインタビューを基にして書かれ、二〇一二年三月にウィーンで出版されました。そしてその約半年後、東京の出版社「未知谷」から、『Japan レポート 3.11』と邦訳題を附し、日本語版が刊行されました。

その後もユディットさんは、このテーマを追求し、人災とも言い得る原発事故災害に焦点を絞り、自ら福島を訪れ、被災地に留まり悲惨な現状を打開しようと努力している人々に会い、子供の被曝を避けるため、松本や京都へ避難した家族を追い、様々な分野で根強い反原発の抗議活動を続ける、京都と東京の人々へのインタビューを通して、東日本大震災レポートの第二弾である *Zuhause in Fukushima—Das Leben danach*（福島の我が家——その後の生活）を、二〇一四年三月に、ウィーンで出版しました。本書では、放射能大災害二年後の、被災者の余儀なくされた生活の変貌と実態を、ジャーナリストの客観的な目で捉えると同時に、日本を愛する一人の人間として、現日本政府の無責任な原子力推進政策を弾劾しています。

強制避難者も、統計には把握されていない「自由意思」で福島を去った多くの人々も、いまだに目的地のない旅を続けている——彼らは自国の中の避難民なのだ——

「人の営みの記憶は、すべてどこか特定の土地、場所と結びついている。その土地から離れて存在しているのではない。そうした、人生の思い出が刻み込まれた土地が汚されてしまった。そこにはもうもどれない……」（岩上安身）

それがすべての悲しみの根源なのだ。

出版記念会で、ユディットさんは私に「ノリコ、ミチタニノイイジマサンニ、シュッパンデキマスカ、キイテミテネ」と、日本語で言いました。前回も大変な迷惑をかけているし、その可能性はほとんどゼロです。重たいな、困ったな。でも外国人のユディットさんが、こんなに真剣に日本のことを心配して努力してくれているのに、日本人の私が、知らん顔は出来ません。聞くだけでも聞いてみよう。恥も外聞もなく、飯島さんにお伺いのメールを書きました。ところが「乗りかかった船ですね、やりましょう」という、思いもかけないご返事をいただきました。ええ、嘘でしょう。夢かしら。狐につままれた感じで、ユディットさんの二冊目のレポートも、「未知谷」から日本の人々にお届けすることになりました。「関係の薄い人は、福島のことをだんだん忘れてきていますから、今出したほうがいいでしょう」と、飯島さんはやはり、「武田信玄」の生まれ変わりだったのです。

ありがたや、ありがたやと、大喜びで翻訳にとりかかったその直後に、私の仲良しの友人が、次々に三人も癌で亡くなりました。本当に辛い毎日で、人の命の重さをひしひしと感じ、気落ちがして物思いに沈むばかりで、福島の最悪の状況の翻訳が辛く、こういうことは元気でないと無理なんだと思い知りました。

私の友人のオーストリア人たちは「フクシマはどうなっているのだ」と、頻繁に心配して聞いてくれます。また誰もが「汚染水」の現状をよく知っていて「日本のような最新のテクノロジーを持った国が、いつまでなんと酷い地球環境汚染を続けていくつもりだ」と怒ってもいます。また最近の「数年内に建屋を壊す」という方針は、福島に残っている子供達や、「除染」で帰還させられた人々へのリスクを、どこまで無視しろというのでしょうか。

ところが東京の知人の多くは、ほとんど福島の事を忘れたかのようです。福島のことを話すと「雰囲気が壊れる」という人さえいます。先日上野の駅前で「福島」を呼びかけている人がいましたが、誰一人として振り向く人はいませんでした。

なにごともなかったかのように、忘れてしまうのがいいというのでしょうか。現日本政府が希望するように、次の大災害が起こるまでは……。

七十年代に、日本が原子力発電を導入したときに、反対をしなかったから、間接的責任があると思っている人は、どうかその考えを捨てて下さい。あの当時の大衆は「未来のエネルギー原子力の平和利用」という言葉に、誰もがだまされていたのです。原子力の本当の恐ろしさを知った今こそ、本気で反対運動をしなければなりません。日本人の七十パーセントが、原発は要らないと思っているのですから、皆で力を合わせれば必ず全廃できます。世界中の、日本と日本人を愛する人達が応援してくれています。がんばりましょう。

Judith Brandner

1963年オーストリー、ザルツブルグ生まれ。ウイーンで日本語を学ぶ。オーストリーのラジオを中心に活躍するフリージャーナリスト。1987年に初来日。2009年、2011年には名古屋市立大学客員教授として招かれている。著書に『Japanレポート3.11』(未知谷)。

ブランドル のりこ

早稲田大学教育学部、ウィーン大学西洋美術史科修士、ウィーン大学東アジア研究科博士卒。現在ウィーン大学講師。訳書に『Japanレポート3.11』(未知谷)。

フクシマ 2013
Japan レポート 3.11

二〇一五年二月十六日初版印刷
二〇一五年三月 五 日初版発行

著者 ユディット・ブランドナー
訳者 ブランドル・紀子
発行者 飯島徹
発行所 未知谷
東京都千代田区猿楽町二-五-九 〒101-0064
Tel.03-5281-3751 / Fax.03-5281-3752
〔振替〕00130-4-653627
組版 柏木薫
印刷所 ディグ
製本所 難波製本

ISBN978-4-89642-467-6 C0036

ユディット・ブランドナー
ブランドル・紀子 訳

Japan レポート 3.11

名古屋市立大客員教授として、毎年日本を訪れていたオーストリー人の著者が、3.11の知らせにいてもたってもいられず、宮城、福島、岩手の被災各地や霞ヶ関を回り、何が起きているのか、市井の人々の目線から確かめたルポルタージュ。

978-4-89642-386-0　160頁　1600円（税別）

未知谷